KB265953

영향 장치 · 자위에 대하여

영향 장치 · 자위에 대하여

영향 장치 · 자위에 대하여

Über die Entstehung des 'Beeinflussungsapparates'
in der Schizophrenie · Über Onanie

빅토르 타우스크 | 김남시 옮김

도서출판 b

| 일러두기 |

1. 이 책은 Viktor Tausk, "Über die Entstehung des 'Beeinflussungsapparates' in der Schizophrenie"(1919)와 "Über Onanie"(1912)를 완역한 것이다.
2. 이 책의 각주는 모두 원주이며, 옮긴이가 독자의 이해를 돕기 위해 작성한 각주에는 '옮긴이' 표시를 붙였다.

| 차 례 |

영향 장치

Über die Entstehung des 'Beeinflussungsapparates' in der Schizophrenie

조현병에서 "영향 장치"의 기원에 대하여

I

나의 고찰은 "영향 장치Beeinflussungsapparates"의 단 하나의 사례에 근거한다. 이 사례에 등장하는 장치는 내가 아는 한, 일정한 유형의 조현병 환자가 자신을 박해한다고 호소하는 모든 종류의 장치들과는 구조상 본질적으로 구별된다. 그럼에도 이 장치의 세부 사항들은 정신분석적 사유가 이 망상 형성 도구의 심적psychische 목적과 기원을 해명하려는 시도에 접근하게 해줄 것이다.

나의 사례는 한 변종, 전형적인 영향 장치의 아주 드문 변종이다. 내가 발견한 이 변종이 얼마나 흔한지 혹은 드문지에 대해 나 자신의 제한된 경험에 의존할 수밖에 없다는 건 여러모로 아쉬운 일이다. 단 하나의 사례를 가지고 여기서 제시하고자 하는 일반적인 결론을 끌어내는 건 너무 성급한 게 아니냐는 반론이 제기될 수 있겠다. 학문적 타당성을 위해서는 보다 광범위한 사례 연구 자료를 제시해야 마땅하다는 것이다. 이에 대해 나로서는 고찰의 근거로 삼을 만한 사례들을 그 이상 찾을 수 없었다고 답할 수밖에 없다. 내가 기억하는 한, 정신의학 문헌 어디에서도 영향 장치의 개별 사례들은 물론, 전형적인 사례들조차 상세히 기술한 연구를 찾을 수 없었다. 정신의학 문헌들은 그 장치를 대개 일반적인 수준에서만, 통상적인 구성 요소나 기능을 예시적으로 나열하는 방식으로만 묘사하는 데 그친다. 복잡한 임상 양상들의 묘사로부터 출발하는 임상 정신의학klinische Psychiatrie은 정신생활Seelenlebens의 역학을 이해하는 데 개별 증상들이 어떤 의미를 갖는지에 주목하지 않는다. 임상에서는 증상들의 기원과 목적은 고찰되지 않는데, 정신분석적 연구 방법을 취하지 않는 임상으로서는 그러한 물음을 제기할 동기가 없기 때문이다. 그러나 원리적인 차원에서, 비전형적인 유형과 변종으로부터 일반적 유형의 구조를 추론하는 일은 정당하다. 변종이나 혼종은 종종 그 현상의 발생 조건이나 원천을 연구할 계기를 제공한다. 전형적인 사례들의 규칙성이 그에 접근하려는 모든 시선을 가로막는 벽처럼 작용한다면, 전형에서의 일탈은 그 벽에 난 창문처럼 작용한다. 우리는 그를 통해 폐쇄된 구동 체계를 들여다볼 수 있다. 변종은 발생 조건들의 변화를 추론하게 하고, 혼종은 그 현상의 다양한 기원을 추측하게 한다. 세계 내의 무엇인가가 다르게 존재할 수 있게 되었을 때 비로소 우리는, 왜 그것이 평소에는 균일하고 변화 없이 일어나고 나타나는지 검토할 계기를 얻는다. 우발적인 발생 조건들에 대한 탐구가 일반적인 발생 조건들에 대한 탐구로 이어지는 것이다.

본 연구의 토대가 된 이 변종이 이러한 탐구를 위한 적합한 사례이기를, 이 변종의 발생과 의미를 내가 제대로 파악했기만을 바랄 뿐이다.

II

조현병적 영향 장치는 신비로운 특성을 갖는 기계다. 환자는 그 장치의 구조를 암시적으로만 진술할 수 있다. 그 장치는 상자, 크랭크, 레버, 바퀴, 버튼, 전선, 배터리 등으로 구성된다. 교육받은 환자들은 자신이 가진 기술적 지식을 동원하여 장치의 구조를 추측하려 애쓰는데, 기술 관련 학문이 대중화되면서 점차 기술에 활용되는 자연력이 그 장치의 기능을 설명하는데 도입된다. 그렇지만 환자들이 박해받는다고 느끼는 이 기계의 기묘한 효과들은 그 어떤 인간의 발명으로도 설명하기 어렵다.

영향 장치가 산출하는 주요 효과들은 다음과 같다.

1. 장치는 환자들에게 이미지를 보여준다. 그 경우 장치는 통상 환등기*laterna magica*나 영사기다. 이미지들은 벽이나 창유리 같은 평면에서 목격되며 전형적인 시각적 환시처럼 삼차원적이지 않다.
2. 장치는 생각과 감정을 만들거나 제거한다. 이는 파동이나 광선, 혹은 환자의 물리학 지식으로는 설명할 수 없는 신비스러운 힘을 수단으로 하여 일어난다. 이 경우 장치는

종종 '암시 장치'라고 불린다. 구조는 설명하기 힘들지만, 그 기능은 박해자에 의한 생각과 감정의 전이 또는 생각과 감정의 제거다.

3. 장치는 운동적 신체 반응, 발기나 사정射精을 일으킨다. 사정은 통상 환자에게 남성적 힘을 제거하고 약화시키는 목적에 기여한다. 이는 암시나 공기 흐름, 전기, 자기, 엑스선을 통해 일어난다.

4. 장치는 너무 낯설어 환자가 제대로 묘사할 수 없는 신체 감각을 유발한다. 부분적으로는 전기, 자기 또는 공기 흐름으로 느껴진다.

5. 환자의 신체에 일어나는 다른 과정들도 장치의 탓이다. 예를 들어 피부 발진이나 종기, 그 밖의 병적 과정을 일으킨다.

장치는 환자를 박해하는 데 동원되며 [환자의] 적에 의해 조작된다. 내가 아는 한, 장치를 조작하는 건 전적으로 도구를 사용하는 남성들이며, 그 가운데 특히 자주 등장하는 박해자는 환자의 담당 의사들이다.

장치 사용법 또한 불분명하다. 장치가 어떻게 작동하는지 환자가 명확한 생각을 가지는 경우는 드물다. 누군가 버튼을 누르고, 레버를 움직이고, 크랭크를 돌린다는 것이다. 많은 경우 장치는 환자의 침대까지 이어져 있는 보이지 않는 전선을 통해 환자와 접속된다. 그 경우 환자는 침대에 누울 때만 장치의 영향을 받는다.

주목해야 할 점은 일부 환자들은 이 모든 고통을 어떤 장치의 영향에 귀속시키지 않으면서 호소한다는 것이다. 이들은 자기 신체나 정신Seele에서 일어나는 부분적으로 낯설고 부분적으로 적대적으로 느껴지는 변화감의 원인을 낯선 정신적seelischen 영향, 즉 그들의 적이 보내는 암시나 텔레파시적 힘으로 여긴다. 나와 다른 연구자들의 관찰에 의해 의심할 바 없는 사실은, 장치의 영향과 결부되지 않은 환자들의 이러한 호소가 영향 장치의 증상보다 선행하며 장치는 그 이후에 나타나는 병적 현상이라는 점이다. 다수의 임상 연구자들이 설명하듯, 영향 장치가 등장하는 것은 환자를 지배하는 불쾌하고 낯설게 느껴지는 병리적 감정과 감각 변화의 원인을 찾으려는 시도에서 비롯된다. 이 관점에 의하면 영향 장치는 인간에게 내재하는 인과성 욕구가 만든 산물이다. 장치 없이 암시와 텔레파시로 영향을 행사하는 박해자라는 가설은 인과성 욕구로 귀속될 수 있다. 임상의학은 이 증상을 편집증에서 나타나는 박해[망상](환자 자신의 과대망상을 옹호하려는 목적으로 환자에 의해 고안되기도 하는)와 유사하다고 설명하면서 '체성망상형 편집증paranoia somatica'이라고 부른다.

그런데 인과성 욕구를 만족시키기를 완전히 포기한 채, 신체와 마음에서 일어나는 변화감과 낯선 현상들을 호소하는 일군의 환자들도 있다. 이들은 그 원인을 외부의 적대적 힘에서 찾지 않는다. 특히 이 환자들은 이미지가 외부에서 '주입되는vorge-macht'게 아니라 당혹스러운 이미지들을 그들 스스로 본다고 말한다. 다른 변화감들도 그 원인 제공자Urheber에 대한 언급 없이 나타난다. 특히 생각이나 감정이 '제거되거나' '만들어진다'고 여기지 않으면서 생각이나 감정 상실, 생각이나 감정 변화를 호소하는 환자들도 있다. 피부나 얼굴, 사지 감각에서의 변화감들을 호소하기도 한다. 이런 일군의 환자들이 호소하는 것은 외부의 적대적 힘의 영향이 아니라 소외Entfremdung 감정이다. 그들 스스로가 자신에게 낯설어지고, 자기 자신이 더 이상 이해되지 않으며 자신의 사지, 얼굴, 표정, 생각과 감정들이 스스로에게 낯설어지는 것이다. 간혹 좀 더 진행된 단계에서 관찰되기는 하나, 이런 환자군의 증상이 조기 치매dementia prae-cox의 초기 단계에 해당한다는 것은 의심의 여지가 없다.

몇몇 사례에서는 확실히, 다른 사례들에서는 상당한 개연성을 갖고 말할 수 있는 것은 낯설음Fremdheit 감정을 수반하는 원인 제공자 없는 변화감에서 박해 감정이 생겨난다는 것이다. 여기서는 변화감이 외부의 누군가의 영향으로, '암시'나 '텔레파시적 영향'으로 귀속된다. 박해와 영향을 받는다는 생각이 영향 장치의 구축으로 나아가는 사례들도 관찰된다. 이로부터 우리는 영향 장치가 단순한 변화감과 함께 시작되는 증상 발달의 최종 단계라고 가정할 수 있다. 내가 알기로 한 명의 환자에게서 모든 증상 발달 단계를 연속적으로 관찰한 사례는 지금까지 없었다. 그럼에도 두 단계에 걸친 증상들의 연결을 분명히 목격했던(본 연구에서 그 사례를 제시할 것이다) 나로서는, 특별히 유리한 조건에서라면 한 명의 환자에게서 증상 발달의 전체 계열을 확인할 수 있다고 주장하려고 한다. 당분간 나는, 혈액 속 혈구에서 나타나는 다양한 병리적 형성물을 서로 연결된 하나의 발전 단계들로 확인^{agnosziert}하는 플라스모디움[1] 연구자와 같은 입장에 있다. 그 연구자가 개별 혈구에서 보는 것은 각각의 단계들일 뿐, 하나의 혈구에서 플라스모디움 전체 의 발달 과정을 추적할 수는 없다고 하더라도 말이다.

서로 다른 증상들을 하나의 통일적인 발달 단계의 국면들로 확인^{Agnoszierung}하는 걸 어렵게 만드는 것은 관찰의 오류나 환자들의 비소통성 때문만은 아니다. 환자들은 각자의 병적 소인에 따라 개별 국면들을 이차적이거나 상관적인 증상들 속에 숨긴다. 그들의 변화감은 그와 동시에 혹은 연이어 생겨나

· ·

1. [옮긴이] 원생생물계(Protista)에 속하는 단세포 기생충으로, 분류학적으로는 아피콤플렉사문(Apicomplexa)에 속한다. 말라리아의 원인 병원체다.

는 우울증, 조증, 편집증, 강박신경증, 불안히스테리, 아멘티아[2] 같은 서로 다른 임상적 질병에 속하는 정신증이나 신경증으로 덮인다. 이 양상들이 전면에 등장하면서, 그보다 훨씬 미묘한 영향 망상의 진행이 관찰자는 물론 환자 자신에게도 은폐되는 것이다. 환자들이 모든 발달 단계를 의식하는 것도 아니며, 어떤 단계는 무의식에서 전개되기에 의식에서 추적 가능한 발달 단계에 공백이 있을 수도 있다. 병리적 과정의 진행 속도나 여러 정신증 형성에 대한 개인들의 소인에 따라 일부 단계는 아예 건너뛸 수도 있다.

조현병적인 영향 관념Beeinflussungsideen은 영향 장치의 결과로 나타나기도 하지만 영향 장치 없이도 등장한다. 전형적으로 영향 장치의 힘에 귀속되곤 하는 전기 전류 역시 영향 장치 없이, 심지어 어떤 적대적 힘에 돌리는 일 없이도 일어난다. 나는 그런 사례를 (베오그라드 소재 신경정신의학과에서) 기록한 바 있다. 환자는 34살의 벽돌공 요세프 H.Josef H.로, 이전에도 삶의 일부를 정신병원에서 보낸 바 있는 인물이다. 그는 자기

* *

2. [옮긴이] 아멘티아는 19세기 후반에서 20세기 초 독일어권 정신의학에서 사용된 임상 개념으로, 갑자기 발생하는 급성 혼란 상태를 그 증상으로 한다. 오늘날의 진단 분류에는 직접 대응하는 범주가 없다. 테오도어 마이네르트(Theodor Meynert, 1833~1892)가 체계화하였기에 그의 이름을 따서 'Meynert's Amentia'라고도 불린다.

다리를 통해 땅으로 흘러가는 전류가 자기 몸을 관통한다고 느낀다. 그가 자랑스럽게 주장하는 바에 따르면, 자신이 직접 몸 안에서 전기 전류를 만들어 내며 그것이 바로 자신의 힘이다. 그것을 어떻게 만들고, 왜 만드는지에 대해서는 말하려 하지 않는다. 처음 자신에게서 전류를 발견했을 때는 조금 놀라긴 했지만, 거기에는 특별히 자기에게만 해당되는 그럴 만한 사정이 있으며, 전류는 알려져선 안 되는 목적에 기여한다고 여겼다. 다만 그 목적이 무엇인지에 대해서는 함구했다.

연구가 진행됨에 따라, 발달 과정이라는 본 연구의 가설을 뒷받침할 체성망상형 편집증paranoia somatica의 또 다른 특별한 경우를 제시하겠다. 다른 맥락에서 이미 프로이트에 의해서도 언급된 바 있는 사례다. 엠마 A.는 애인에게서 매우 특이한 방식의 영향을 받는다고 느낀다. 그녀가 말하기를, 그녀의 눈Augen이 제대로 머리 안에 자리 잡지 않고 완전히 뒤틀려verdreht 있는 건 그녀 애인이 아주 사악하고 기만적인 눈 굴리는 자Augenverdreher이기 때문이다. 한 번은 교회에서 갑자기 그녀를 떠미는 듯한verstellt 충격을 느꼈는데, 그건 애인이 변장하고sich verstelle 그녀를 완전히 타락시켜 자기와 같은 사람으로 만들어 버렸기 때문이라고 여긴다. 이 환자는 적으로부터의 박해나 영향을 받는다고 느끼지 않는다. 오히려 이것은 박해자와의 동일화를 통한 영향이다. 나중에 다시 이야기하겠지만, 본래적인 대상 설정Objektsetzung의 대상 선택 역학에서 동일화가 투사에 의한 대상 선택보다 선행한다는 프로이트와 나의 주장에 비추어 보면, 엠마 A.의 사례는 영향 망상의 발달 과정 중 분리되어 있는 외부 세계 박해자에게 영향 감정을 투사하는 것보다 앞서는 단계라고 할 수 있다. 이 동일화가 변화감을 외부 세계에 투사하려는 시도임은 분명하다. 그런데 이 동일화는 한편으로는 외부 원인 제공자 없이 낯설게 느껴지는 인성 변화Persönlichkeitsveränderung 감정과, 다른 한편으로는 이 변화를 외부에 있는 개인의 힘에 귀속시키는 단계, 이 두 단계를 연결하는 다리이자 자기 소외Selbstentfremdung와 영향 망상 사이의 중간 지점이다. 이로써 영향 장치의 등장과 더불어 증상 발달이 종결에 이른다는 정신분석학의 사유 방식이 특히 설득력 있게 마무리되어 정립된다. 우리가 다루는 것이 적대적인 대상의 발견 또는 발명이라는 건 분명하지만, 대상이 적대적이냐 우호적이냐는 지적 과정에 있어 동일한 가치를 갖는다. 정신분석가라면 이 경우 사랑과 적대를 동일시 하는 데 전혀 이의를 제기하지 않을 것이다.

영향 망상의 다양한 형태나 단계를 보여주는 사례로, 몇 해 전 정신분석학회 회원에 의해 자서전이 소개된 바 있는 스타우덴메이어Staudenmayer의 경우를 빠뜨릴 수 없다.

내가 틀리지 않는다면, 스타우덴메이어는 명시적으로 편집증 환자로 표명되었고, 나 역시 그렇게 다루었다. 그는 자기 내장 속 내용물이 내장 처음부터 끝까지 움직이는 걸 묘사하면서, 자신에게 병적으로 과도하게 의식되는 내장의 모든 개별 연동 운동을 내장 속에 자리 잡고 앉아 그 하나하나를 움직이는 악마들의 활동에 귀속시켰다. 이로써 우리는, 어떤 환자들에게는 장치의 영향으로, 다른 환자들에게는 장치의 영향 없이 관찰했던 현상들을 다음과 같은 도식으로 표현할 수 있을 것이다.

1. 처음에는 낯설음 감정Fremdheitsgefühl이 없다가 이후 낯설음 감정을 동반하는 단순한 변화감. (심리적이고 생리적인 기능이나 자기 신체 부위에서 일어나는 변화의) 원인 제공자가 언급되지 않는다. 대부분의 경우 이 단계는 사춘기 이전, 어린 나이에 진행된다. 이 나이 때는 아직 자신의 상태를 정확히 전달할 능력이 없고, 병리적 변화들이 판별하기 힘든 유아 특유의 특성들로 보상되거나 아니면 그 변화들이 그 자체로 (심술, 공격성, 은밀한 판타지, 자위, 폐쇄성, 인지적 둔감 등으로) 관철될 가능성이 있는 시기다. 따라서 대부분의 경우 이러한 단계는 보호자에게 인식되지 않으며, 환자 자신에게도 명명되지 못하거나 잘못 명명된다. 질병은 사춘기에 이르러서야 표면에 드러

난다. 사춘기에는 개인에게 문화적 세계에의 적응이 요구되며, 외적으로나 내적으로나 일탈적 심리 상태의 거친 표현 수단을 포기하도록 강제된다. 이러한 과정이 증상 발달을 촉발하여, 우리가 더 진전된 형태의 증상을 접하게 되는 것이다.

2. 일탈적 감각들의 형태로 나타나는 변화감. 환자 자신이 원인 제공자로 여겨진다. (요세프 H.의 경우)

3. 원인 제공자가 환자 자신이 아니라 환자 내부에 있다고 여겨지는 변화감. (스타우덴메이어의 경우)

4. 내적인 과정을 환각적으로 외부에 투사하는 변화감. 원인 제공자의 언급이 없고, 처음에는 낯설음 감각이 없으나 나중에 등장한다. (이미지 보기)

5. 동일화의 경로를 통해 외부의 원인 제공자가 언급되는 변화감. (엠마 A.의 경우)

6. 내적인 과정을 외부로 투사하고 편집증적 역학(이미지가 보이고, 암시나 최면에 걸리고, 전기 자극을 받고, 생각과 감정이 주입되거나 제거되고, 남성적 힘을 약화하는 발기, 사정 등의 신체 움직임이 행해지는)에 따라 원인 제공자가 언급되는 변화감.

7. 적이 조작하는 영향 장치의 영향력으로 귀속되는 변화감. 통상적으로 적이 누구인지는 처음에는 알려지거나 규정

되지 않다가, 이후 환자가 적을 특정하게 되면, 편집증적 공모를 모델로 적의 범위가 확장된다. 환자는 처음에는 영향 장치의 구조도 전혀 이해하지 못하다가 차츰차츰 장치의 특성에 대한 표상들을 만들어 낸다.

영향 생각과 영향 장치 사이의 연관 관계를 이상과 같이 해명하였기에, 이제는 그 효과는 고려하지 않은 채 영향 장치 자체를 고찰해 보겠다.

이미지를 보게 하는 환등기는 처음부터 고찰에서 제외하고자 한다. 환등기의 구조가 그에 귀속된 효과에 너무나 잘 들어맞기 때문에, 그런 효과가 실재하지 않는다는 사실 말고는 달리 지적할 사유 오류가 없기 때문이다. 이처럼 합리적으로 만들어진 상부 구조는 전적으로 불투명하다. 그렇기에 적어도 사유를 위한 출발점을 확보하기 위해서라도, 우리에게 필요한 것은 갈라진 벽 사이로 들여다볼 수 있는 결함 있는 건물들이다.

a) 통상적인 영향 장치의 구조는 완전히 어둠에 싸여 있다. 장치 전체의 모습을 떠올리는 것은 불가능하다. 때로는 환자가 장치의 구조를 정확하게 이해하고 있다는 감정을 갖는 경우도 있다. 그러나 분명한 것은, 그는 이해하고 있다는 감정만 가질 뿐 실제로 이해하고 있지는 않은,

꿈꾸는 자와 유사한 감정을 갖고 있다는 것이다. 환자에게 그 장치를 묘사하게 하면 이를 금방 확인할 수 있다.

b) 내가 아는 한, 그 장치는 언제나 기계, 그것도 복잡한 기계다.

정신분석가라면 이 기계가 상징이라는 걸 한순간도 의심하지 않을 것이다. 이 주장은 최근 다시 분명하게 제기되었으며, 프로이트 역시 강연에서, 꿈에 나타나는 복잡한 기계는 항상 성기의 표상이라고 설명한 바 있다.

나는 오래전에 기계 꿈을 분석하면서 프로이트의 주장을 완전하게 확증한 바 있다. 여기서 내가 덧붙일 수 있는 건, 내 분석에 따르면 기계는 항상 **꿈꾸는 자** 자신의 성기를 표상하며 자위 꿈이라는 것이다. 이런 꿈에 대해 다음과 같이 보고할 수 있다. 이런 꿈은 내가 알코올 섬망에 대한 논문[3]에서 서술한 바 있는 유형의 도피 꿈이다. 해당 논문에서 나는 자위 소원, 더 정확히 말해 사정 준비 상태가 방출을 용이하게 하는 꿈 표상에 다가갈 때면, 이 표상이 급히 다른 것으로 대체됨으로써 순식간에 새로운 억제가 추가되어 정액 방출을 방해한다는

---

3. "Zur Psychologie des alkohol. Beschäftigungsdelirs(알콜성 직업 섬망의 심리학에 관하여)", *Internationale Zeitschrift für ärztlichen Psychoanalyse*. Heft 4. III. Jahrg. 1915. Verl. Hugo Heller.

것을 보여주었다. 꿈은 거부된 방출 소원에 대해 연쇄적인 상징 교환으로 대응한다.

기계 꿈은 이와 유사한 역학을 갖는다. 다만 기계의 개별 부품들은 이전에 표상된 것이 사라지면서 그 자리에 대신 등장하는 것이 아니라, 이전 표상들에 그냥 연쇄적으로 추가된다. 그렇게 해서 헤아리기 힘들 만큼 복잡한 기계가 생겨나는 것이다. 이러한 상징은 억제 기능을 강화하기 위해, 대체되는 대신 복잡화되면서 대체와 동일한 역할을 수행한다. 모든 복잡화는 꿈꾸는 자의 주목을 끌어 지적인 관심을 일깨우는 한편, 그에 상응하게 리비도적 관심을 약화시키며 충동을 억제하는 효과를 낳는다.

기계 꿈 가운데 기계를 조작하는 꿈을 꾸는 자가 손을 성기에 올린 채 깨어나는 경우가 종종 있다. 이로부터 우리는 영향 장치는 외부 세계에 투사된 환자 성기의 표현이며 꿈속 기계와 유사한 방식으로 생겨난다고 추정할 수 있다. 장치가 발기를 유발하고 정액을 앗아가며 남성적 힘을 약화시킨다는 조현병자들의 잦은 호소는 이 추정을 뒷받침한다. 어쨌든 이 증상을 꿈의 산물과 동등하게 놓고, 이 병을 정신분석에 의해 접근 가능해진 꿈 해석의 수준에 놓으면, 임상의학이 영향 장치를 조현병에 도입하면서 주장하는 합리화 욕구나 인과성 욕구를 넘어서는 진전이 생긴다.

이제 이 가설을 확증할 뿐 아니라 더 의미심장하게 확장할 나의 사례를 소개하겠다.

나탈리야 A.^{Natalija A.}라는 환자는 31살로 한때 철학과 학생이었다. 그녀는 악성 중이염으로 수년 전부터 전혀 듣지 못하여 글로만 소통한다. 그녀에 따르면, 그녀는 6년 반 전부터 경찰의 금지에도 불구하고 베를린에서 제작된 전기 장치의 영향을 받고 있다. 그 장치는 사람 신체의 모습을 하고, 무엇보다 환자 자신의 모습을 하고 있지만 완전히 정확한 것은 아니다. 그녀의 모친과 남녀 지인들도 이런저런 장치들의 영향을 받고 있다. 그러나 그녀는 다른 장치들에 대해서는 어떤 정보도 주지 않고 오로지 그녀 자신이 영향을 받는 장치에 대해서만 이야기한다. 그녀에게 확실해 보이는 건, 남자들에게는 남성 장치, 곧 남자의 형상, 여자들에게는 여성 형상이 사용된다는 것뿐이다. 몸통은 통상적인 관 덮개 같은 덮개의 형태로 벨벳이나 플러시로 감싸여 있다. 사지^{Gliedmassen}에 대해 나는 내 고찰에 매우 중요한 두 가지 정보를 얻었다. 첫 번째 만남에서 그녀는 사지를 완전히 자연적인 신체 형상으로 묘사했다. 그런데 몇 주 후 그 사지는 더 이상 관 덮개 위에 신체적으로 있는 대신, 자연스러운 상태의 신체에서 팔다리가 있는 위치에 납작하게 그려졌다. 그녀는 머리는 볼 수 없다고 했다. 머리에 대해선 정확히 모르겠고, 그 장치가 자신의 머리를 하고 있는지 여부도 모르겠다고 했다. 그녀는 머리에 대해서는 도무지 아무 정보도 줄 수 없다.

그녀는 그 장치가 어떻게 조작되는지, 어떻게 그녀와 연결되는지에 대해서도 명확하게 알지 못한다. 텔레파시적일 것이라고만 한다. 가장 중요한 것은 누군가가 장치를 조작하는 방식이다. 장치에서 일어나는 모든 일이 실제로 그녀에게도 일어난다. 장치가 바늘로 찔리면 그녀는 자기 신체 해당 부분에 찔림을 느낀다. 그녀의 코에 궤양성 병변이 생긴 것은, 적절한 수단으로 장치의 코에 그것이 생성되었기 때문이고, 그 결과 그녀 자신이 발병하게 된 것이다.

장치의 내부는 전기 배터리들로 이루어져 있는데, 이것이 사람의 내장 기관 모습을 하고 있을 수 있다.

장치를 조작하는 악한들은 그 장치로 그녀의 코에 점액이 생기게 하는 건 물론, 역겨운 냄새, 꿈, 생각, 감정들을 만들어 낸다. 또한 그녀가 생각하고, 말하고, 글 쓰는 것을 방해한다. 이전에는 장치의 성기를 조작하여 그녀에게 성적 자극을 유발하기도 했다. 그런데 어느 시기부터 장치는 더 이상 성기를 갖지 않게 되었다. 장치의 성기가 이렇게, 왜 사라졌는지 그녀는 설명하지 못한다. 어쨌든 장치가 더 이상 성기를 갖지 않게 된 후 그녀도 더 이상 성적 자극을 받지 않는다.

그녀가 이전에 한 번 들은 적이 있다고 믿고 있는 그 장치의 구조는, 오랜 경험과 사람들의 말 — 당연히 목소리 환각 —
을 통해 하나둘씩 알게 된 것이다. 장치를 사용해 이 환자를
박해하는 남자의 행위는 질투심에서 비롯되었다. 그는 그녀에
게 거절당한 구혼자로 대학교수다. 그 남자의 구혼을 거절한
직후, 그녀는 그 남자가 그녀와 그녀 어머니가 그 남자의 여자
친척과 친구 관계를 맺도록 암시를 건다고 느꼈다. 그 친척의
영향으로 그녀가 나중에라도 남자의 구혼을 받아들이게 하려
는 것이 분명했다. 이 암시가 실패하자 그는 장치를 통해 그녀에
게 영향을 주기 시작했다. 그녀뿐만 아니라 그녀의 모친, 그녀
의 의사들, 친구들, 그 외 그녀에게 호의적이며 곁에 있던
모든 사람이 다 이 악마적인 기계의 영향을 받게 되었다. 그
결과, 장치가 의사들에게 실제 그녀가 가진 것과는 다른 질병을
가진 것처럼 꾸며내어 오진을 유발했고, 친구나 친척들과 더
이상 소통이 되지 않게 되었으며, 모든 사람들과 적대적이
되어 어디서든 도망 다녀야 했다.

나는 이 이상 환자로부터 정보를 얻을 수 없었다. 세 번째
방문에서 그녀는 폐쇄적인 태도를 보이며, 나 역시 장치의
영향을 받고 있어 자신에게 적대적이 되었으므로 더 이상
소통이 되지 않는다고 주장했기 때문이다.

이 환자의 사례는, 장치가 기계라는 망상 형성물 없이도
나타날 수 있는 증상 발달 단계의 하나라는 주장을 뒷받침하는

결정적인 근거를 제공한다. 영향 망상-Beeinflussungswahns 증상이다. 환자는 박해자가 장치를 사용하기 시작한 것이 암시를 통해 영향을 행사하려던 시도가 실패한 이후라는 점을 분명히 했다. 그녀가 장치에 대해 이전에 들었던 적이 있다고 믿는다는 사실 또한 정신분석가에게는 시사하는 바가 크다. 사랑에 빠진 사람이 사랑하는 이를 오래전부터 이미 알고 있었다고 믿는다는 사실이, 그가 그 사람에게서 오래된 사랑-이마고를 다시 발견하고 있음을 말해주듯, 이 장치를 어렴풋이나마 다시 알아본다는 건, 그녀가 장치의 영향에 휩쓸리기 훨씬 전부터 이미 그 장치가 불러내는 효과를 알고 있었음을 뜻한다. 다시 말해, 그녀가 지금은 영향 장치의 탓으로 돌리는 영향받는다는 감정을 이전에도 이미 느꼈었음을 말해준다. 우리는 나중에 그녀가 그러한 감정을 처음 가졌던 시점이 그녀의 삶의 시간에서 얼마나 멀리까지 거슬러 올라가는지 알게 될 것이다.

기계 상징이 자기 성기의 투사라는 의미를 갖는다는 나의 추측은 이 장치의 독특한 구조와 매우 특별한 방식으로 연결된다. 이 장치가 환자의 성기를 표상하지는 않지만, 환자 전체를 표상한다는 점은 분명하다. 순수하게 불리적으로 볼 때, 그 장치는 투사, 곧 외부 세계에 투사된 환자의 몸을 표상한다. 이는 인간 형태에서 벗어나는 특징들에도 불구하고 그 장치가 의심할 바 없이 인간 형상으로 인식되는 인간의 모습을 하고 있다는 환자의 진술에서 분명하게 도출된다. 가장 중요한 사실은 환자에 의해 인간 형상으로 인식되었다는 것이다. 말하자면 그 장치는 대략 환자의 형상을 하고 있다는 것이다. 장치에 가해지는 모든 조작을 환자는 동일한 강도로 자기 몸의 상응하는 부위에서 느낀다. 장치에 가해지는 효과들 역시 환자의 몸에서 나타난다. 환자가 성적 자극을 의식하던 동안에는 장치가 성기를 가지고 있다가, 환자가 더 이상 성적 자극을 받지 않자 성기를 갖지 않는다.

꿈 해석 기법을 가져오면 여기에 몇 가지를 더 추가할 수 있다. 환자가 장치의 머리를 정확하게 알 수 없다는 사실, 그것이 자신의 머리인지 아닌지 말할 수 없다는 사실은 그 머리가 바로 그녀의 머리라는 걸 뒷받침해 준다. 우리가 꿈에서 볼 수 없는 사람은 꿈꾸는 사람 자신이다. 나는 "병원 꿈"에서 그 사례를 제시한 바 있다. 거기서 꿈꾸는 여성은 의심할 바 없이 그녀 자신을 표현하는 꿈속 형상의 머리를 보지 못한다.[4]

• •

4. "Traum von der Klinik," *Intern, Zeitschrift für ärztl. Psychoanalyse*, II. Jahrg. 1914. S. 466. N 양이 꾼 꿈은 다음과 같다. "나는 외과 강의실 좌석 가장 위쪽에 앉아 있다. 아래에는 한 여자가 수술을 받고 있다. 그녀는 머리를 내 쪽으로 하고 있지만 나는 머리를 볼 수 없다. 마치 그녀의 머리가 강의실 아래쪽 좌석에 가려 있는 것 같다. 내가 보는 건 그녀의 가슴 아래쪽으로, 그녀 허벅지 위의 흰 천과 옷 무더기만 보일 뿐 다른 건 명확히 보이지 않는다." 해석: 그녀는 꿈속에서 수술받고 있는 여자의 모습으로 자기 자신을 보고 있다. 며칠 전 그녀는 젊은 의사를 방문했었는데 이 의사가 그녀에게

장치의 덮개가 벨벳이나 플러시로 감싸여 있다는 것 역시 이런 해석을 뒷받침해 준다. 우리는 여성들로부터 자기 성애적으로 자신의 피부를 쓰다듬으면 이런 느낌[벨벳이나 플러시]이 유발된다는 이야기를 듣는다. 몸의 내장이 배터리의 모습으로 표현된다는 것은 처음에는 피상적인 해석을 낳지만, 이는 차후 더 깊은 해석으로 이어질 것이다. 피상적인 해석은 다음과 같다. 내부 기관들의 이런 묘사는, 신체 내부와 유기체 전체를 신비스러운 기계와 비교하는 학교 수업을 받는 아이들에게 배어 있는 유아적 관념이 글자 그대로 묘사된 것이라는 설명이다.

영향 장치에 대한 환자의 묘사는 그 장치의 의미뿐 아니라 그 장치의 개체 발생에 대해서도 유추하게 한다.

이 환자가 처음에는 사지가 자연적인 형태와 방식으로 장치에 달려 있다고 말했던 것을 상기해 보자. 몇 주 후 그녀는 사지가 덮개에 그려져 있다고 설명했다. 나는 이 시점에 내가

에로틱한 접근을 감행했다. 그녀는 진료용 침상에 누워 있었고, 의사가 치마를 걷어 올리고 "아래쪽에서" 진료할 때 자신의 허벅지 위의 흰 속옷 더미를 보았다. 이 상황에서 자신을 보았던 것과 질적으로 동일한 것을 꿈속 여자에게서 본 것이다. 그녀가 자신의 머리를 볼 수 없듯 꿈속 여자의 머리도 보지 못한다. 프로이트에 의하면 꿈에서 "머리 없는 여자"는 모친을 의미하지만, 여기서는 이 해석의 토대를 이야기할 자리가 아니다. 다만 본 고찰의 다른 곳에서 이 해석이 특히 중요하게 등장할 것임을 미리 말해둔다.

의미심장한 망상 형성 전개 과정의 증인이었다고 생각한다. 여기서 일어난 일은 장치에 일어나는 왜곡 과정의 진전임이 분명하다. 장치는 인간적인 모습을 특징짓던 속성들을 하나둘씩 잃고 전형적인, 이해할 수 없는 영향 기계로 왜곡되는 중이었다. 환자의 의식에서 일어나는 이 과정의 첫 번째 희생물은 성기이고, 두 번째 희생물은 사지다. 성기가 제거되는 양상에 대해 환자는 아무 정보도 주지 못한다. 그런데 사지는 처음의 삼차원적인 신체 형상을 잃고 표면에 투사되는 이차원적 평면으로 납작해졌다. 나는 몇 주 후 환자가 그 장치에는 사지가 전혀 없다고 말했더라도 놀라지 않았을 것이다. 처음부터 그 장치에는 사지가 없었다고 하더라도 놀라지 않았을 것이다. 장치의 연쇄적 구성에 있어 개별적인 전개 단계를 망각하는 것은, 꿈 이미지의 기원을 망각하는 것과 같은 역할을 수행하는 것이 분명하기 때문이다. 그러므로 다음과 같이 추론하는 것이 논리적 비약으로 여겨지지 않기를 바란다. 곧, 장치의 신체와 그 내부가 관 덮개 형태를 하고 있는 것 또한 연쇄적 왜곡 작업의 산물이며, 애초에는 철두철미하게 인간의 모습, 환자의 형상Ebenbild을 닮았을 것이다.

우리는 정신분석학의 인식 원천에 의거해 왜 이런 왜곡 과정이 일어나는지 추정할 수 있다. 심리적 형성물의 모든 왜곡이 그러하듯, 이 왜곡은 의식적 자아를 보호하기 위해 노골적인 표상의 등장이나 존속을 막는 방어기제에 의한 것임이 분명하다. 환자는 영향 장치에서 자기 자신을 확인Agnoszierung하기를 분명히 거부하면서 장치로부터 인간 형상의 특징을 하나하나 제거했다. 그 망상 형성물이 자신의 모습과 덜 닮고, 인간의 형태를 덜 할수록, 그녀가 두려워하는 인지로부터 더 확실히 멀어지기 때문이다. 우리는 이 거부가 어디서 기인했는지를 나중에 밝혀내려고 시도할 것이다.

나는 나탈리야 A. 양의 영향 장치를 그 특정한 발달 단계 중에 접했다고 생각한다. 나는 그 장치에서 사지의 급격한 발달을 직접 관찰하고, 성기와 관련된 발달 단계에 대해서는 환자 본인에게 분명한 정보를 얻을 수 있었다. 나는 이 발달의 최종점이 임상 연구에 알려진 전형적인 영향 기계일 것이라고 가정한다. 그렇다고 이 장치가 모든 발달 과정을 끝까지 거치게 될 것이라고 단언할 수는 없다. 장치가 중간 단계에 머무르게 될 가능성도 충분히 있다.

III

　여기서 앞서 암시를 통해 주의를 환기했던 두 번째 가설을 제시해야 하겠다. 나탈리야 A. 양의 영향 장치는 그럼에도 불구하고 어쩌면 해명이 어려운 예외일지 모른다. 다른 환자들이 묘사하는 — 복잡하고, 묘사되기 힘들고 극도의 판타지로 재구축된 — 기계들을 먼저 연구하고 그 해명을 확보한 뒤에야 비로소 그 토대 위에서 나탈리야 A. 양의 영향 장치의 해명으로 나아갈 수 있을지도 모른다.

　이 가설을 정당화하기 위해 우리에게 주어진 재료는 기계 꿈밖에 없기에 우리는 영향 장치는 투사이고, 환자 성기의 표현이라고 상정한다.

　내가 첫 번째 가설 옆에, 혹은 그 자리를 대신해 이 두 번째 가설을 제시함으로써 독자들에게 과도한 부담을 지우고 있다는 것을 안다. 그러므로 엄격한 독자라면 이를 무모함, 심지어 속임수라고 비판한다 해도 놀라지 않을 것이다. 사실 나 자신도 내 사유의 궤적을 따라가다 이 두 번째 가능성이 첫 번째만큼이나 개연적이라는 결론에 이르렀을 때 몹시 당혹스러웠다. 두 가설의 내용이 너무도 달라, 결국 서로 전혀 다른 이론으로 이어질 수밖에 없으므로 둘 다 비개연적이고 무가치한 것으로 판명되리라고 여겼기 때문이다.

이런 상황에서, 영향 장치의 의미에 대한 두 견해를 서로 보완하는 듯 보이는 한 이론이 내게 결정적인 실마리를 제공했다. 다만 이를 설명하려면 상당히 멀리 우회해야 한다. 그 논의는 아마도 본 연구 결말부에 이르러서야 마무리될 수 있을 것이다.

먼저 내가 오래전에 "자아 경계 상실"이라 칭했고 지금도 그렇게 칭하고자 하는 조현병 증상에 주목해 보자. 다른 사람들 모두가 자기 생각을 알고 있고, 자신의 생각이 자기 머릿속에 갇혀 있지 않고 경계 없이 세계에 퍼져 동시에 다른 이들의 머리에서도 일어난다고 호소하는 환자들의 증상이다. 환자는 고유한 경계를 가진 자아이자 독자적인 심적 실체Sonderwesen라는 의식을 잃어버린 것이다. 바그너 병원에서 만난 16살의 여성 환자는 무슨 생각을 하느냐고 내가 물을 때마다 즐거운 듯 웃었다. 후속 면담 시 그녀는 자신이 웃었던 이유가 내가 농담을 한다고 생각했기 때문이라고 말했다. 그녀의 생각이 동시에 내 머리에도 있기에 어차피 내가 이미 그녀의 생각을 알고 있다는 것이다.

우리는 자기 생각을 다른 이들이 알고 있다는 관념이 지배하는 유아기infantile 단계가 있음을 알고 있다. 부모가 모든 것을, 가장 깊이 숨겨진 것도 다 안다는 이 관념은 아이가 처음으로 거짓말에 성공할 때까지 이어진다. 이 관념은 나중에 거짓말이 탄로 났을 때 아이의 죄책감에 수반하여 다시 등장한다. 부모가 모르는 비밀의 권리를 얻으려는 투쟁은 자아 형성과 경계 짓기에 가장 강력한 요인들 중 하나로, 특히 자신의 의지를 관철하는 데 결정적인 역할을 한다. 그렇기에 위에서 말한 단계는 아이가 아직 이 권리의 실마리를 얻지 못해 그 권리에 대해 알지 못하며, 부모와 교사가 모든 걸 안다는 걸 아직 의심하지 않는 단계로, 시간이 지나면 무너질 단계라고 말할 수 있다.[5]

• •

5. 이는 거짓말이 최초로 성공하기 이전 시기다. 아이를 관찰해 본 사람이라면 이 시기가 아주 이르다는 걸 안다. 생후 첫해 아이가 거짓말을 하는 경우도 드물지 않다. 나는 특히 신체 배설물을 실내 규칙에 따라 비우기를 거부하며 표정과 제스처, 그 외 불분명한 말로 양육자에게 용변을 봤다는 인상을 불러내려는 아이들에게서 이런 거짓말을 관찰했다. 이 아이들은 용변 보기를 받아들이려 하지 않거나 규칙에 따라 변기에 앉는 대신 침대에서 용변을 처리한다. 이 금지된 쾌락 획득을 감추는 거짓말에 능숙한 아이에게 속아 넘어가는 양육자가 권위를 지키고 아이로 하여금 진실을 말하게 하는 길은 신의 전지함(Allwissenheit)에 호소하는 것뿐이다. 이처럼 최고의 전지함이라는 심급에 호소하는 일은 머지않아 찾아온다. 아이가 양육자로부터 거짓말을 배운 후에는 특히, 모든 것을 아는 신을 양육에 끌어들이지 않을 수 없게 된다. 양육자가 훈육을 위해 속임수를 쓰거나 약속을 지키지 않음으로써, 참인 의도를 덮기 위해 거짓인 가상을 사용하는 걸 가르치는 경우가 그것이다. 그런 양육자에게 남은 길은 양육의 성과를 구제하기 위해 전지함의 권위를 신에게 양도하는 것뿐이다. 속이려는 시도에 맞서는 신의 포착하기 어려운 성격은 한동안 고려되지 않는다. 그러나 많은 아이들은 신이라는 심급 앞에서도 움츠러들지 않는다. 그들은 신의 전능과 전지함을 시험하며, 마침내

‘환자에게 생각이 만들어진다’라는 증상은, 역방향으로 추적하면, 다른 이들이 그의 생각을 알고 있다는 사고에서 기인한다. 그것은 어린 시절 아이의 상황에 토대를 둔 사실, 곧 아이가 혼자서는 할 수 있는 게 없고 모든 것 ─ 사지의 사용, 언어, 생각 ─ 을 다른 사람들로부터 수용한다는 사실의 강화된 표현이다. 이 시기 아이에게는 사실상 모든 쾌락과 모든 고통, 한마디로 ‘모든 것이 만들어진다’. 아이는 자신의 성취에 자기 스스로가 어느 정도 참여하는지 파악할 수 없는 상태다.[6] 다른 사람의 도움 없이 무엇인가를 혼자 할 수 있음을 발견하는 아이에게는 기쁨과 경탄이 섞인 강렬한 정동이 수반된다. 따라서 위 증상에서 아동기로의 퇴행을 보는 것은 타당할 것이다.

그런데 이 아동기 자체가 문제다. 아동기는 어디까지 거슬러 올라가는가? 어떤 계기를 통해 아동기는 외부 세계에 대한 반응에 있어 대체 불가능한 심적 통일체이자 고유한 심적 개별성Persönlichkeit에 대한 의식을 부여하는 자아 경계의 형성으

<hr>

신이 퇴위된 부모, 무엇보다 퇴위된 아버지의 힘의 유령임을 폭로하는 데 성공한다.

6. “빈 정신분석학회”에서 이 연구를 발표했을 때 프로이트는 늘히 아이가 말을 배우는 것이, 내가 주장한 것처럼, 다른 사람들이 자신의 생각을 안다는 아이의 사고의 원천임을 강조했다. 언어를 배움과 동시에 아이가 다른 사람들의 생각을 받아들이기 때문이다. 이를 통해 다른 이들이 자기 생각을 안다는 사고가 **사실적으로 타당해지며**, 다른 사람들이 그에게 언어를, 그와 함께 생각을 ‘만들어 냈다’는 감정도 마찬가지로 타당해진다.

로 나아가게 되는가?

　이론적으로 볼 때, 자아 형성의 시작이 대상 발견에 선행한다고 가정하기는 어렵다. 대상 발견은 충동의 충족과 쾌락의 좌절을 거치는 과정에서 외부 세계가 자신의 소원과는 상당한 정도로 독립되어 있다는 의식이 형성됨으로써 일어난다. 이러한 의식의 형성에 있어 성적 충동이 섭식 충동보다 더 큰 역할을 수행한다고 단정하기는 어렵다. 성적 충동은 머지않아 전적으로 특별한 역할을 부여받게 되는데 이에 대해서는 이후에 고찰할 것이다. 우선 확정할 수 있는 것은 다음과 같다. 인간에게는 어떤 외부 세계의 대상도 없는 시기, 다시 말해 외부 세계도, 대상도 없고 그에 따라 자아와 주체에 대한 의식도 없는 시기가 존재한다는 것이다.

　이 시기에도 소원과 충동, 그리고 감각 기관을 자극하는 사물을 장악하는 방식은 존재한다. 그것이 바로 대상 발견 단계에 선행하는 동일화 단계이다. 이 점은 신경증자의 분석을 통해 밝혀졌다. 만족을 주는 대상Befriedigungsobjekten을 소유하거나, 만족을 주는 목표Befriedigungsziele에 도달하지 못하는 이 환자들의 결함 있는 대상 위치Objektposition, 이들의 무능력은, 많은 경우 이 환자들이 대상과 자신을 동일화하기 때문이라는 게 분명해진 것이다. 한마디로 그들 자신이 외부 세계에서 '마음에 드는 것' 자체이기 때문에, 이들은 외부 세계, 곧 대상 위치로 나아가는 길을 발견하지 못한다. 그 결과 정신생활에 관여하는 관계들, 다시 말해 전적으로 리비도적 관계들 속에서 자아를 형성하지 못하는 것이다. 이러한 독특한 리비도 태도를 나르시시즘적 태도라고 부른다. 그 이름이 말해주듯 여기서는 리비도가 자기 자신Persönlichkeit을 향하여 자신의 자아에 달라붙고 외부 세계의 대상에는 달라붙지 않는다. 관찰과 이론적 고찰들(특히 프로이트의 연구들)은 이러한 리비도 위치를 정신 발달의 시작, 즉 '대상 없는' 시기에 정초해야 하며, 이것이 '대상 없음Objektlosigkeit'의 원인은 아니더라도 적어도 그 상관물로 파악되어야 함을 밝혔다. 이 리비도 위치에 상응하는 것이 모든 감각적 자극을 내인적이고 내재적인 것으로 여기는 지성 발달 단계다. 이 시기에는 자극을 주는 대상과 자극 수용 사이에 시간적, 공간적 거리가 있다는 것이 아직 심적으로psychisch 확인되지 않는다.

다음 발달 단계는 자극의 외부 투사 단계이다. 이는 자극을 일정한 거리를 둔 대상에 귀속시키는 것이다. 지성의 입장에서 보면 이는 거리 취함이자 객관화이며, 이에 상관적korrelativ으로, 발견된 — 정확히 말하면 스스로 산출한 — 외부 세계로의 리비도 전이가 일어난다. 동시에 이러한 심리적 성취를 보존하기 위해, 객관성Objektivität의 비판적 심급인 객관과 주관을 구별하는 능력, 곧 현실 의식이 형성된다. 이를 통해 개인은 내적 과정을 외부 자극과의 관계 속에서 인식할 수 있게 된다. 달리 말하면 내적인 과정을 내적인 것으로 파악하고 자극을 주는 대상들과 혼동하지 않게 된다는 것이다.

그런데 이러한 상관적 발달 과정은 억제Hemmungen에 직면할 수 있다. 억제는 지성, 곧 우리가 말하는 자아 — 자아의 주요한 무기가 지성이다 — 의 측면에서도, 그리고 리비도 전이의 측면에서도 일어날 수 있으며, 서로 다른 지점과 다양한 발달 단계에서, 나아가 리비도에 대한 자아의 여러 관계에 따라서도 일어날 수 있다. 우리는 프로이트를 따라 이 억제 계기들을 고착 지점들Fixierungsstelle이라 부른다. 손상의 압도적 다수의 경우, 자아 장애Ichstörung를 일으키는 계기는 리비도 병변Läsionen에 있는 것으로 보인다. 이는 편집증은 억압된 동성애에 대한 반응이라는 프로이트의 견해에 따라 분명하다. 동성애적 충동의 대상 발견이 금지되면서 생겨난 동성애적 리비도 전이의 억제는, 본래의 리비도 태도Libidoeinstellungen에서라면 내부에 있는 것으로 인식되어야 할 충동을 [외부로] 투사하게 한다. 이 투사는 억압으로 인해 되몰려오는 거부된 동성애적 리비도에 맞서는 자아의 방어 조처 가운데 하나다. 이 리비도의 억제에 대응하는 지성의 억제는 판단 장애나 광기Verrücktheit로 나타난다. 잘못된 배치Placierung, 부적절한 투사로 인해 내적인 심리 과정이 외적인 것으로 여겨지고, 그 결과 양적·질적으로 특정한 병적 과정에 해당하는 정신의 반응들과 함께 크고 작은 "정동적 판단 약화affektive Urteilsschwäche"가 나타난다.

따라서 우리는 이렇게 말할 수 있다. 병적으로 변화된 리비도로 인해 뒤집힌 세계verrückte Welt를 장악해야 하는 자아는, 그로 인해 스스로도 뒤집힌 채verrückt[7] 행동하게 된다고.[8]

비교적 건강한 정신 상태를 유지하다가 시간이 지나 노년기에 나타나는 신경 정신병Neuropsychose의 경우, 우리는 자아의 질병을 일으키는 원인이 리비도의 질병임을 어렵지 않게 확증할 수 있다. 반면, 매우 이른 아동기에 잠행해 들어온 정신병Psychosen의 경우에는 리비도 손상이 자아 손상으로 이어진다는 시간적 순서를 대신해, 부분적으로는 발달의 상관적korrelative 억제라는 개념을 도입할 수 있다. 특정한 충동군이 정상적으로 발달하지 못해 다른 충동군의 기능 역시 정체Zurückbleiben되면, 이 기능 장애에 대한 자기 치유 및 적응의 시도로 그 기능의 보상 혹은 과잉 보상으로 간주될 수 있는 이차 반응들이 동시에 형성된다. 더 나아가 이미 정상적으로 발전했던 기능들의 퇴행이 일어난다. 정신의 병든 부분과 상대적으로 정상적인 부분 사이에 현저한 불균형이 발생하는 삶의 순간 그 기능들이,

● ●

7. [옮긴이] verrücken(제자리에서 벗어나다, 옮기다, 자리를 바꾸다) 동사의 과거 분사 'verrückt'는 '미친', '정신이 나간'을 뜻한다.
8. 억제가 주로 지성에서 발생하는 경우는 치매(Demenz)로 분류된다.

적응을 위해 자신의 수준을 이탈하여 손상된 기능들의 수준으로 후퇴하기 때문이다. 이 복귀Rückweg 과정에서 상이한 임상적 양상에 속하는 일시적이거나 지속적인 증상 형성이 일어날 수 있으며, 이로부터 다양한 혼합 형태의 정신병들이 발생한다. 우리는 이러한 부분 과정들의 지속과 특정 시점에 일어나는 이 과정의 상이한 균질화 가능성을 면밀히 주시해야 한다. 충동 억제를 고찰할 때는, 모든 억제된 충동은 불안으로 전환되거나, 불안으로 배출되려는 경향을 지닌다는 점을 항상 염두에 두어야 한다. 따라서 "어떤 이론적 의미에서 보자면, 증상들이란 오직, 그렇지 않았더라면 피할 수 없었을 불안 발생을 회피하기 위해 형성된다고 말할 수 있다"(프로이트).[9]

9. [옮긴이] 이 인용은 프로이트의 *Vorlesungen zur Einführung in die Psychoanalyse* (1916~1917) 25강 '불안(Die Angst)'에 등장한다. 원문은 다음과 같다. "Es schiene also *in einem abstrakten Sinne* nicht unrichtig zu sagen, daß Symptome überhaupt nur gebildet werden, um der sonst unvermeidlichen Angstentwicklung zu entgehen." 타우스크는 프로이트의 이 문장 일부를 다르게 — "추상적 의미에서 보자면"을 "이론적 의미에서 보자면"으로 — 인용하였다.

IV

우리는 프로이트를 통해 편집증에서 나타나는 동성애적 리비도의 투사는 시기상 부적합nicht zeitgemäß하고 개인의 사회적 문화에도 어긋나는, 무의식에서 밀려오는 성적 경향에 맞서 자아가 취하는 방어 기제임을 알았다. 그렇다면 나탈리야 양에게서 나타나는 환자 자신의 신체 투사 역시 이와 유사한 상황으로 이해할 수 있을까?

이 투사 역시 자신의 신체에 속하는 리비도에 맞서는 방어기제 역할을 수행함에 틀림없을 것이다. 자신의 신체에 속하지만 너무 커졌거나 시기상 부적절하게 되어 개체das Individuum가 더 이상 자신에게 속하는 것으로 허용할 수 없게 된 리비도에 대한 방어인 것이다. 나아가 여기서 투사를 통해 외부로 보내진 untergebracht ist 리비도는 신체에 속하는 리비도이지 심리적 자아에 속하는 리비도[10]는 아니다. 오히려 심리적 자아를 향하는

<hr>

10. 심리적 자아로 귀속된 리비도 위치의 투사. 이것이 프로이트가 밝혀낸 단순 편집증 증상의 역학이다. 이하의 논의에서는 자아에 수반되는 리비도가 필연적으로 동성애적이라는 것, 곧 자아 자체가 대표하는 성에 이끌린다는 점은 논외로 하겠다. 여기서는 대상 리비도와 대립하는 자아 리비도에서 비롯하는 메커니즘만 간략히 기술할 것이다. 나탈리야 A. 양의 증상이 그에 대한 기록이다. 환자는 구혼자가 그녀에게 거절당하고 이후라도 구혼

을 수락하게 하려는 목적에서 자신과 자기 어머니가 구혼자의 여자 친척과 친분을 맺도록 암시를 건다고 느꼈다. 그러나 여기서 구혼자가 건 암시란 구혼을 수락하고 싶은 환자 자신의 무의식적 경향이 투사된 것에 다름 아니다. 환자는 아무 갈등 없이 구혼을 거절한 것이 아니라 수락과 거절 사이에서 흔들렸다. 그녀는 거절은 행위로 실현하는 한편, 구혼을 수락하려는 경향은 갈등을 유발하는 소원 대상에 투사하여, 그것을 대상 측에서 영향을 주려는 시도로 느끼고 증상으로 표출했다. 환자는 구혼자에 대해 양가적 태도를 지니고 있었다. 그녀는 갈등의 긍정적이고 리비도적인 면은 투사하고, 부정적 가치인 거절은 자신의 자아에 속하는 행동으로 대변한 것이다. 여기서 투사로 귀결된 가치의 선택은 다른 경우에는 반대 방향으로 등장하기도 한다. 여기서는 양가적 경향들의 부분적 투사라는 메커니즘에만 주목하도록 하겠다.

"빈 정신분석학회"에서 내 논문을 토론하는 자리에서 헬렌 도이치(Helen Deutsch) 박사는 이 원리에 주목하며 투사 기제에 대해 언급했다. 한 조현병 환자는 자신이 일을 시작하면 친구들 모두가 일을 내려놓고, 자신이 일어서면 다른 이들이 앉는다고, 한마디로 타인들이 언제나 자신의 행동과 정반대로 행동한다고 느꼈다. 환자는 이를 느꼈을 뿐 실제로 볼 수는 없었다. 그녀가 맹인이었기 때문이다. 도이치 박사는 이 증상을 환자의 모든 행위에 항상 갈등을 일으키며 공존하는 두 경향— 무엇인가를 하려는 경향과 하지 않으려는 경향— 중 하나가 투사된 것으로 해석했다. 이 해석은 다른 토론자들이 제시한 사례로도 확인되었다. 이 자리에서 프로이트는 특히 투사 메커니즘을 유발하는 것이 양가성(Ambivalenz)이라는 정식화를 제안했다. 일단 표명되고 나자 그것이 자명해 보인다. 이는 이 공식의 자연적인 귀결로 보이는 프로이트의 두 번째 공식, 양가성이 억압을 유발한다는 공식과도 딱 들어맞는다. 무의식과 의식 사이의 경계가 유지되는 곳에서는 오직 억압된 것만이 투사되기 때문이다. 이 전체 문제는 블로일러의 "조현병(Schizophrenie)"이라는 이름에 특별한 정당성을 부여하며 각주 17에서 설명될 푀츨(Pötzl)의 견해도 뒷받침해 준다. 결국 본 논문은 내가 비록 무의식적으로였지만, 프로이트의 공식을 나의 설명 전반에 걸쳐 관철해 왔음을 보여준다.

리비도가, 말하자면 신체 리비도를 부끄러워했기에 신체 리비
도에 대한 방어를 촉발한다고 가정하는 것이 일관적이다. 그런
데 이 방어의 목적을 위해 투사라는 역학이 — 대상 발견에서
정신Psyche의 첫 번째 기능에 속하는 이 역학이 — 선택된다는
사실은, 여기서 문제가 되는 것이 시기적으로는 지적인 대상
발견의 시작과 같으나 퇴행에 접어들었거나 질병이 명시적으
로 발발할 때까지 수년간 보상되거나 잠복해 있던 잔류 현상
지속Persistenz einer Resterscheinung(프로이트)을 통한 리비도 위치
라고 추정하게 한다. 퇴행이란 억제가 없던 이전의 리비도
위치를 되찾으려는 것이다. 편집증에서 퇴행은 동성애적 대상
선택이 아직 자아의 금지를 받지 않던 시기, 즉 이후 자아의
문화적 조건하에서 억압되기 이전 자유로운 동성애적 리비도
가 있던 시기까지 뻗어간다.

자아가 자기 신체의 투사를 통해 차단하려는, 자기 자신Person
을 향하는 리비도는 리비도적 관심이 다른 사랑 대상들로
향하려는 요구와 아직 모순을 일으키지 않는 시기에 있어야
하는 것이 타당하다. 따라서 이 시기는 대상 발견이 아직 자기
자신의 신체에서 일어나는 — 즉 자기 신체가 아직 외부 세계로
여겨지는 — 정신의 발달 단계와 일치해야 할 것이다.

나는 여기서 대상 선택Objektwahl과 대상 발견Objektfindng을 의도
적으로 구별한다. 첫 번째 표현으로 칭하려는 건 대상의 리비도

적 점유이고, 두 번째 표현은 그 점유를 지적으로 확인^{Konstatierung}하는 것이다. 대상은 지성에 의해 발견되고 리비도에 의해 선택된다. 이 과정은 시기적으로 동시에 혹은 순차적으로 일어날 수도 있으나 내 목적을 위해서는 구별해 고찰되어야 한다.

자기 신체의 투사는 자기 신체가 대상 발견의 목표가 되는 발달 단계로 거슬러 올라가 추적될 수 있을 것이다. 이 시기는 영아가 자신의 손과 발을 낯선 대상처럼 붙잡으려 시도하면서 자기 신체를 하나씩 외부 세계로서 발견해 가는 시기다. 이 시기 영아에게는 모든 것이 자신의 신체로부터 "일어나며", 그의 정신^{Psyche}은 마치 낯선 대상들에서 온 자극처럼 자기 신체에서 온 자극에 의해 영향을 받는 대상이다. 이 분절된 지체들^{*disjecta membra*}이 이후 이 구성 요소들에서 오는 모든 쾌·불쾌의 감각을 수용하는 하나의 심적 통일성의 지배하에 들어가야 비로소 하나의 자아로 엮인 통일된 전체가 된다. 이 과정은 자기 신체와의 동일화를 통해 이루어진다. 이렇게 해서 발견된 자아가 선행하는 리비도에 의해 점유되면 자아의 심리 현상^{*Psychismus*}과 관련해서는 나르시시즘이, 쾌락 원천으로서의 개별 기관들과 관련해서는 자기 성애가 생겨난다.

그런데 앞서 언급한 정신분석 이론이 옳다면, 투사를 통해서만 외부 세계의 일부로 간주되는 자기 기관들에서의 대상 발견보다 앞서는 단계가 있어야 한다. 자기 외부 대상들의

발견을 목적으로 하는 투사보다 선행하는 단계, 즉 나르시시즘
적 리비도 위치와의 동일화다.[11] 따라서 우리는 동일화와 투사
라는 두 순차적 국면을 상정해야 한다. 그렇다면 자기 기관들에
서의 대상 발견에 관여했던 투사는 그에 선행하는 국면의
두 번째 부분이 될 터이고, 거기서 우리는 우리가 상정한 동일화
에 해당하는 부분을 찾아야 할 것이다.

나는 자기 신체에서의 대상 발견과 대상 선택에서 동일화와
투사라는 이 순차적 국면이 실제로 존재한다고 상정한다. 인간
은 리비도와 자아가 전혀 분리되지 않은 유기적^{organische} 통일체
로 세상에 나오며, 존재하는 모든 리비도가 그 유기적 통일체에
귀속되어 있다는 나의 주장은 정신분석적 견해와 모순되지
않는다. 이 유기적 통일체가 자아, 다시 말해 심적 자기 보호
조직체^{psychischen Selbstschutzorganisation}라는 이름을 받을 자격이
세포보다 더 크다고는 말할 수 없다. 이 [세포] 상태에서도
인간은 성적 존재이면서 같은 정도로 개체적 존재^{Individualwesen}
로 존속한다. 세포는 자아 기능에 비견되는 활동의 하나인
단순한 영양 섭취를 통해 분열하기 전까지 스스로 섭식하면서

* *

11. 프로이트는 슈레버-자서전에 대한 글에서, 조현병의 리비도가 자기 성애보
　　다 이전 상태에 있음을 시사한 바 있다. 나는 다른 경로를 통해 동일한
　　결론에 도달했으며, 이 결론을 프로이트 주장의 타당성을 입증하는 논거로
　　제시하고자 한다.

동시에 성적 기능들도 수행하기 때문이다. 이 단계에서 신생아는 수태 단계까지는 생물학적이고, 정확히 규정할 수 없는 태아기Fötalstadium, 일정한 두뇌 발달이 시작되는 단계까지 모태에서는 심리적이라고psychologisch 여겨져야 한다. 리비도의 측면에서 보면 신생아는 전적으로 성적 존재다. 나는 인간이 겪는 첫 번째 포기가 모태가 제공하던 보호의 포기이며, 그 포기가 리비도에 부과되고, 그 포기의 불완전한 이행이 출생 직후 불안의 비명으로 응답된다는 프로이트의 가설과 만난다. 그러나 이 최초의 트라우마가 지나가고 어떤 불만이 영아로 하여금 자기 자신 및 세계와 대결하도록 몰아넣지 않는 한, 영아는 완전히 자기 자신과 동일하고 자신의 리비도를 온전히 간직한 채, 외부 세계에 대해서는 물론 그가 자신 안에서 곧 발견하게 될 그 세계에 대해서조차 아무것도 모른다.

이것이 개체Individuum 안에서의 동일성 단계다. 자기 신체에서의 대상 발견을 목적으로 하는 첫 번째 투사는 그 이후 일어난다. 이 단계는 우리가 동일화라고 부를 만한 능동적인 심적 활동으로 생겨나는 것이 아니라 처음부터 주어진mitge-bracht 것이다. 그 결과는 ─ 외부 세계도 없고, 대상도 없다는 점에서 ─ 자기 자신과의 이례적 만족이라는 면에서 능동적으로 형성된 동일성과 같다. 이 단계를 선천적 나르시시즘이라 부르자. 이 상태로부터 리비도가 방출되어, 처음에는 투사라는 우회를 통해 자신의 신체를 점유하고 자기 발견을 경유하여 다시 자아로 되돌아오는데, 그 사이 자아는 우리가 경험이라 부르는 이 최초의 심적 움직임들Regungen을 통해 의미심장하게 변화되어 리비도에 의해 다시 점유된다. 이 나르시시즘을 획득된 나르시시즘이라 부르자. 획득된 나르시시즘은 선천적 나르시시즘을 토대로 하기에 그것의 상당 부분과 겹친다. 정상적인 경우 선천적 나르시시즘 상태는 평생, 기관과 그 기능들에 결부된 채 머무르면서 이어지는 자아 발달의 다양한 단계들과 갈등을 빚는다. 자아 발달은 그사이 획득된 심적 성취들의 보호하에 불안과 판단에 의해 지지되어 진행된다. 이 갈등은 처음에는 주로 배설 기능과 자기 성애적 쾌락 원천들에서 행해진다. 이것들이 외부 세계와 관계하기 가장 어렵기 때문이다. 그러나 반드시 다음을 염두에 두어야만 한다. 자아 발달은 인간이 죽음에 이를 때까지 나르시시즘적 리비도 위치의 지속적인 교환 속에서 계속된다는 것, 생존을 위한 투쟁에서 인간은 자기 자신을 끊임없이 새롭게 발견하고 인정하도록 강제된다는 것, 나르시시즘 습득의 과정은 문화적 정신Kulturpsyche에 내재적인 과정이며 그로부터 양분과 재생을 얻는 손상되지 않은 선천적 나르시시즘을 토대로 해서만 사유될 수 있다는 사실이다. 자기 자신을 둘러싼 이 지속적인 투쟁은 서로 다른 충동 성분들에 따라 상이한 정도로 전개된다. 그 투쟁은 그 자체로 동성애와 이성애에, 모든 리비도 구성 요소에, 서로 다른 시기에 서로 다른 정도로 관계하고, 심적 다양성에 따라 상이한, 같은 시기에 상이하게 발달된 반응, 보상, 상부 구조Überbaue와 제거Elimination들을 유발한다. 나아가 다양한 이차적 심적psychischen 형성물들이 다시 서로 관계를 맺어 구분하기 힘든 역동적, 질적, 상대적, 양태적 관계들을 산출한다. 다양한 성격 유형과 질병 증상들이 이를 통해 설명된다. 자아의 발달도 리비도의 발달과 마찬가지로 그 자체로도, 그리고 서로의 관계에서도 일차, 이차, 삼차 관계나 발달 계기 등 여러 지점에서 고착될 수 있고, 퇴행적 목표를 만들어 낼 수도 있다. 여기에 시간과 공간이 개입되면 이 전체 문제는 한층 복잡하고 이해하기 어려워진다.

[병리적] 자기 신체의 투사가, 개체Individuum가 투사의 경로로 자신의 신체를 발견하려는 심적 단계의 병리적 반복이라고 상정해 보자. 그렇다면 문제를 다음과 같은 방향으로 이어서 사고해 보는 것도 무리한 일은 아닐 것이다. 곧, 정상적이고 본래적인 발달에서 투사가, 밀려오는 외부 자극으로 인해 선천적 나르시시즘적 리비도 위치가 포기되어야 할 때 일어나듯, 병리적인 투사도 본래적인 것에 상응하나 시기상 부적합하고 퇴행적인 나르시시즘적 리비도 혹은 잔류하는 나르시시즘적 리비도 — 이 리비도의 성격은 개인을 외부 세계로부터 차단한다는 점에

서 선천적 나르시시즘과 같다 — 가 누적됨으로써 일어난다고. 그렇다면 자기 신체의 투사는 태아기의 끝이자 모태 밖*extrauterinen* 발달의 시작 단계에 해당하는 리비도 위치에 대항하는 방어라고 보아야 할 것이다. 프로이트 또한 "강연"에서 심리적*psychologische* 문제들은 자궁으로까지 거슬러 올라가 추적되어야 한다고 지적하는 데 주저하지 않았다.

이로부터 다양한 조현병 증상들을 설명하기 위한 길이 열린다. 강직증*Katalepsie*, 납굴증蠟屈症, *flexibilitas cerea*[12]은 인간이 자신의 기관을 자신의 것으로 느끼지 못하고, 자신에게 속하지 않는 것으로 낯선 의지의 힘에 내맡기는 단계에 상응하는 건 아닐까? 이에 대립하는 것이 환자의 사지가 [누군가에 의해] 움직여지는 증상이다. 이 증상은 특히, 자신의 신체가 환자에게 낯선 외부 세계이며, 외부의 힘에 지배되는 것으로 여겨지는 상황을 두드러지게 반복한다. 그렇다면 외부 세계의 완전한 거부를 드러내는 긴장증적 혼미*Katatone Stupor*는 모태로의 회귀라고 볼 수 있지 않을까? 이 심각한 강직증 증상들은, 가장 원초적인 자아 기능마저 포기하고 현 상황의 리비도로는 외부 세계와의

• •

12. [옮긴이] 라틴어로 '밀랍 같은(cerea) 유연성(flexibilitas)'이라는 의미로, 긴장증(catatonia)의 대표적 증상이다. 환자의 사지를 특정 자세로 놓으면 마치 밀랍 인형처럼 그 자세를 그대로 유지하는 상태를 가리킨다. 저항도 없고 능동적 움직임도 없이 외부에서 가해진 자세를 수동적으로 유지한다.

관계를 유지하는 가장 단순한 자아 기능조차 사용할 수 없게 된 정신Psyche이, 전적으로 태아기와 수유기로 물러나는 최후의 피난처ultimum refugium이지 않을까? 강직 증상, 즉 조현병 환자의 부정적 응시Starre는 "기관 언어"로 표현하자면 외부 세계에 대한 거절에 다름 아니다. 진행성 마비 말기 단계에 나타나는 "수유 반사" 역시 그 수유적 삶으로의 퇴행을 가리키는 것은 아닐까?[13]

납굴증에 상응하는 심적 상태psychische Analogon, 곧 인간이

---

13. 어떤 환자들은 수유기는 물론 심지어 태아기로까지의 이 퇴행 — 후자는 질병 전개의 결과라는 위협으로서 — 을 의식하기도 한다. 한 환자는 나에게 "내가 점점 젊고 어려진다고 느껴요. 지금은 네 살이에요. 조금 있으면 기저귀를 하고, 그러고는 엄마에게 되돌아가요"라고 말했다. 헬렌 도이치 박사는 "빈 정신분석 학회"에서의 내 논문에 대한 토론에서 31살의 조현병 환자에 대해 말했다. 침상에서 대소변을 보는 그녀는 그 이유를 "사람들이 자신을 아이로 만들기" 때문이라고 했다. 같은 자리에서 프로이트도 특히 나탈리야 A. 양의 영향 장치와 관련해, 성과 죽음 사이의 상호 관계, 그리고 이집트의 미라 장례 방식과 그 의미에 대해 언급했다. 미라를 인간 형상의 외피로 입관하는 것은 인간이 "어머니 대지"로 회귀한다는, 곧 죽음을 통해 모태로 되돌아간다는 표상에 상응한다. 프로이트의 이 지적은, 사람들이 비통한 죽음에 대한 보상으로 모태 내 삶의 지복(Seligkeit)을 상정한다는 것을 알려준다. 모태로의 회귀 판타지는 원시적으로(atavistisch) 선형성된 판타지로, 프로이트가 가정한 인간의 "근원 판타지"에 네 번째로 추가되고, 퇴행하는 정신(Psyche)의 병리적 현실로서 조현병에서 증상으로 등장한다. 미라는 신체적 죽음을 통해, 조현병자는 정신적 죽음을 통해 모태로 되돌아 간다. "모태 판타지." 내가 알기로 이 표현은 구스타프 그뤼너(Gustav Grüner) 에게서 온 것이다.

자기 자신을 외부 세계의 한 부분으로 여기고, 자신의 의지와 자신 고유의 자아 경계의 의식을 결여한 단계에 상응하는 심적 상태는, 모든 사람이 환자의 생각을 알고 있으며 소유하고 있다는 감정으로 나타난다. [환자에게] 병리적으로 상황이 반복되고 있는 그 시기에는 아직 생각이라는 것은 존재하지 않는다. 그러나 생각 형성 역시, 내가 앞서 언급했듯, 생각이 자아의 기능이자 자아에 속하는 것으로 간주되기 이전에 먼저 외부에서 오는 것으로 여겨지는 과정에 종속되어 있다. 다시 말해, 생각이 자동적인 자아 기능으로 일어날 수 있으려면 먼저 자아 통일성의 의식에 편입되어야 한다는 것이다. 이는 지성이 상기 표상*Erinnerungsvorstellungen* 단계까지 진전되었을 때 일어난다. 프로이트에 따르면, 이것 역시 나중의 과정이고 그에 앞서 상기 이미지들*Erinnerungsbilder*의 환각 단계, 곧 표상들이 내적 과정으로 인식되지 않고 실제로 외부 세계에 등장한다고 여겨지는 단계가 선행한다. 그 자체로 이미 일종의 객관화, 곧 대상 발견과 대상 선택을 표상하는 이 환각적 표상 기능 단계도 생애 초기 단계에 해당한다. 물론 퇴행이 모든 심적 계기와 관계들에서 동일한 정도로 일어나는 것은 아니다. 상기 표상의 형태로 생각을 가질 수 있는 능력은 있지만 리비도가 수유기 단계로 퇴행하여 남아 있는 사유 능력과 관계를 맺는 경우도 있다. 그러면 인격 의식이 상실되는데, 이는 환자가 자신의 온전한 심적 재료를 어디에 두어야 할지 알지 못하는 데서 드러난다. 자신의 생각과 감정이 모든 사람들의 머리에 있다고 말하는 환자는, 사실상 이후 발전 단계의 기억 저장소에서 가져온 단어와 개념들을 가지고, 자신의 리비도가 아직 외부 세계와 자신을 동일화하면서 외부 세계에 맞서는 자아 경계를 정립하지 못한 단계에 처해 있음을, 그리고 지적인 대상 관계들이 퇴행된 리비도 위치에 의존되어 있어서, 정상적인 지적 대상 관계들을 포기하도록 강제되고 있음을 표현하고 있을 뿐이다.

이러한 감정과 표현 방식은 아직 정신Psyche이 상기 표상들을 다루는 능력을 유지하고 있기 때문이다. 그러나 이 능력도 퇴행을 겪을 수 있다.[14] 이때 환자는 환각을 경험한다. 여기서 리비도는 동일화 단계 이전으로 후퇴하고, 지성은 동일화의 길을 통해서조차 더 이상 외부 세계와의 관계를 수립하지 못한다. 그 결과 정신은 더욱더 모태에 가까워진다.

그렇다면 "평면에서 이미지 보기"는 환각의 단계보다도

14. 이에 대해 상세한 것은 프로이트의 "Metapsychologische Ergänzung zur Traumlehre(꿈 이론에 대한 메타심리학적 보충)," *Intern. Zeitschrift f. ärztl. Psychoanalyse*. IV. Jahrgang 1916~17, Heft 6. 프로이트의 이 논문은 내가 본 논문을 수정하는 도중에 출간되었다. 나는 그 존재와 내용에 대해 내가 알지 못했던 프로이트의 해당 논문에서의 언급들과 여기서 제시하는 내 논문 사이의 수많은 일치점을 만족스러운 마음으로 지적하고자 한다.

앞서는 시각 감각 단계를 표상하는 것은 아닐까? 일부 심리학자들은 인간이 삼차원을 통각하기 이전에 먼저 평면에서, 이차원으로 본다고 주장한다.

V

　나는 나르시시즘적 자기 발견과 자기 선택이 매번 자아의 새로운 획득 때마다 반복된다고, 양심과 판단의 규제하에서 자아의 획득이 거절되거나 아니면 리비도에 점유되어 자아에 속하는 것으로 인정되거나 한다고 말했다.

　이러한 나르시시즘을 정신적*psychischen* 나르시시즘이라 부르고 이를 무의식 속에서 유기체의 통일성과 기능을 보장하는 역할을 수행하는 기관적*organischen* 나르시시즘과 대비시켜 보자. 이 가정을 통해 내가 새로운 걸 말하는 것이 아님은, 신체적인 건강과 삶 자체가 우리가 삶에 대한 사랑이라 부르는 현상에 상당한 정도로 의존한다는 걸 상기해 보면 알 수 있다. 사람은 "부서진 마음" 때문에 죽을 수 있다. 오스트발트*Ostwald*는 『위대한 인간들』에서, 은퇴한 대학교수들이 최고로 건강한 상태에 있다가도 퇴직 이후 곧 사망하는 경우가 흔하다는 점을, 단순히 고령 때문이 아니라 그들이 사랑하던 일을 지속하지 못하게 되면서 삶에 대한 사랑을 상실하기 때문이라는 관찰을 전한다. 프로이트 또한 몇 년 전, 그동안 이어오던 예술 창작이 중단된 이후 병을 얻고 무기력하게 쇠락한 한 유명 음악가의 사례를 언급한 적이 있다.

우리는 리비도가 (프로이트의 가정에 따르면) 하나의 물질처럼 신체 전체를 관통해 흐르고, 유기체의 통합이 리비도 긴장 *Libidotonus*에 의해 조건 지어진다고 가정해야 한다. 당연하게도 그 긴장의 기복은 높은 정도로 정신적 나르시시즘과 대상 리비도의 기복에,[15] 부분적으로는 질병과 죽음에 맞서는 유기체의 저항력에 의존한다. 삶에 대한 사랑이 의사들이 포기했던 많은 이들을 구해왔다.

어떤 이유에서든 호발 부위Prädilektionsstelle가 되는 특정 기관

---

15. 정신적(psychischen) 나르시시즘의 붕괴, 정신적(psychisch) 자아에 대한 사랑의 포기로 인해 생겨나는 질병이 **멜랑콜리(Melancholie)**다. 멜랑콜리는 순수한 형태에서 기관적 나르시시즘이 정신적 나르시시즘에 의존하고 있음을 보여주는 전형적 사례다. 자신의 정신적 자아로부터 리비도가 철회된다는 것, 즉 정신적 개인의 실존 근거에 대한 거절과 정죄는 물리적 개인의 거부와 신체적 자기 파괴 경향을 불러온다. 다시 말해, 하나의 본질로서 신체적 개인의 가치와 기능 수행 능력(Funktionstüchtigkeit)을 보장하는 기관들로부터 리비도가 철회되면서 그 기관들의 기능이 영향을 받거나 중단된다. 그 결과 무의식적 메커니즘에 의한 식욕 상실, 변비, 생리불순, 성기능 장애가 생긴다. 이러한 기능 중단은 가장 본질적 차원에서 식물적인(vegetativ), 곧 무의식적인 각각의 기관적 리비도 위치들의 붕괴에서 비롯되는 것으로 보아야 하며, 음식 섭취를 거부하거나 자기 생명을 위험에 빠뜨리는 행위로 드러나는 의식적이고 의도적인 자살 경향과는 엄격히 구별되어야 한다. 멜랑콜리는 투사 없는 박해 정신병(Verfolgungspsychose)이며, 고유한 동일화 메커니즘에 의해 구조화된다. (자세한 것은 나의 논문을 참조하라. "Diagnostische Erörterungen auf Grund der Zustandsbilder der sogen. Kriegspsychosen(소위 전쟁 정신병의 양상에 근거한 진단적 고찰)," *Wiener medizinische Wochenschrift* 제37~38권, 1916. 이 논문을 교정하던 중 프로이트의 논문 「애도와 멜랑콜리」가 발표되었는데 이 맥락에서 이를 언급해 둔다.)

들[16]에 기관적 나르시시즘의 적체積滯가 일어나면, 평상시 삶에서는 무의식적이고 식물적이던 기관들 사이의 관계와 유기체적 기능이 의식에 떠오르는 일이 생길 수 있다. 이는 정신적 나르시시즘과 대상 사랑에 의해 점유되던 대상들이 리비도 점유가 일정한 강도에 도달했을 때 대상으로서 의식에 떠오르는 것과 마찬가지다. 리비도 적체가 기관에 주의를 돌리고 그 결과 기관의 변화나 기능이 의식되면서 변화감이 생기는 것이다. 이것이 프로이트가 묘사한 건강 염려증Hypochondrie의 메커니즘이다. 이로부터 리비도 적체로 인해 리비도가 병적으로 과충전된 기관 또는 그 기능으로부터 자아가 돌아서는 일, 곧 소외감Entfremdung[17]이 생긴다. 이는 건강 염려증과 연결된

16. 이것이 프로이트가 말한 기관의 성감 발생력(Erogenität), 곧, 성감대의 원리다.

17. 오토 푀츨(Otto Pötzl) 박사는 한 자리에서 (그 자신의 테제였는지 아니면 다른 이론에 덧붙이는 말이었는지는 분명하지 않지만) 경직적 응시는 환자가, 의지의 분열로 인해 주동적(agonistisch) 요소와 길항적(antagonistisch) 요소로 해체된 운동 충동(motorische Impulse)을 목적의식적 행동을 위해 적절히 분배하지 못하는 무능력의 표현이라는 테제를 내놓은 바 있다. (이는 마치 마이링크(Meyrinck)의 기지 넘치는 소설 「두꺼비의 저주」에서, 지네가 수천 개의 다리를 움직이기 위해 그 하나하나에 주의를 집중하려다 결국 아무 다리도 움직이지 못하게 되는 장면과도 같다.) 푀츨의 견해는, 퇴행된 나르시시즘적 리비도가 정신과 기관의 개별 기능들을 점유함에 있어 병리적으로 배분된다는 정신분석 이론의 설명과 조응한다. 그 결과, 목표지향적인 대립적 힘의 쌍(Gegensatzkräftepaare)의 주동적 부분과 길항적 부분이, 목적 부합적으로 분배되는 그들 사이 리비도 양의 균형 교란으로 인해

개별적으로 주목되는 영역에 분배되고 이로 인해 자동적인 기능 수행 능력이 박탈되는 것이다.

이는 대립적 힘의 쌍과 관련되어 특정한 후유증을 수반하는 건강 염려증과 소외감의 한 특별한 경우일 것이다. 픠츨의 견해는 퇴행된 나르시시즘적 리비도로 인해 외부 세계가 소거된다는 이론과도 조응할 뿐 아니라, 나아가 건강 염려증의 문제를 인간의 정신 신체적(psychophysischen) 구조의 다른 개별 관계들로까지 확장할 수 있게 한다. 더 나아가 픠츨의 견해는 다음과 같은 가설의 가능성까지 시사한다. 인간의 삶에는 정확히 언제라 규정할 수 없고 어쩌면 잠재적으로만 존재하는 어떤 시간이 존재했었다. 대립적 힘의 쌍의 활동이 아직 자동적이지 않아서 발견되고 학습되며, 마치 낯선 외부 세계에서 획득하듯 자기 개인으로부터 힘겹게 획득해 내야 했던 그런 시간 말이다. 개체 발생의 관점에서 이 시간은, 단일 방향으로 움직이는 가장 단순한 형성물로부터 현재의 복잡한 운동 기관들의 발생까지를 포괄하는 계통 발생 단계의 "엔그램"으로만 잔존해 있을지도 모른다. 그렇다면 조현병의 퇴행은 종(Art)의 가장 오래된 시기의 엔그램으로 거슬러 올라가는 것이며, 이 이론은 그러한 계통 발생적 기능 잔존물(Funktionsreste)에 재활성화 능력이 남아 있다는 걸 요구해야 할 것이다. 우리는 이 가설 앞에서 놀라 물러나서는 안 된다. 오히려 이 가설은 우리에게 조현병의 문제를 사유할 넓은 가능성을 제공한다. 어쩌면 이 특이한 질병의 본질은 이 계통 발생적 기능 잔존물이 어떤 개인들에게는 그토록 강렬한 부활 잠재성 (Wiederbelebungspotenz)을 가지고 있다는 데 있지 않을까? 정신분석은 이러한 견해에 하나의 피난처를 제공해야 한다. 실제로 정신분석학 자체가 이미 많은 곳에서 증상들의 뿌리를 종의 역사로 소급해 추적해 왔기 때문이다. 어쩌면 이로부터 개체 발생을 넘어 환자들이 호소하는 저 비밀스러운 "전기 전류" 현상을 해명할 실마리가 열릴지 모른다. 이 이상 감각(Parästhesie)은 한때 최초의 신경 및 근육 기능에 수반되던 느낌이었을 수 있다. 그것은 아마도 모태라는 안락한 외피에서 벗어나 최초의 강보, 외부 세계의 익숙하지 않은 공기 매체 속에 떨어진 순간, 신생아가 느낀 느낌의 잔향(Reminis-zenz) 일지도 모른다. 어쩌면 외부 세계의 첫 번째 침대가, 환자가 침대에 누우면서 침대에 연결된 보이지 않는 선을 통해 전류를 느끼는 바로 그

건강 염려증적 불안에 대한 방어 조치의 하나로 파악할 수 있다. 낯설음Fremdheit은 그것이 외부 세계 대상이건 자기 개인이나 개인의 부분들이건 상관없이 리비도적 대상 점유에 맞서는 보호 조치다. 물론 소외감은 무의식적인 리비도 위치를 지양하지는 못한다. 그것은 병리적인 리비도 점유를 제거하는 것이 아니라 단지 부인할 뿐이며, 곧바로 터무니없는 상황으로 이어질 수 있다. 따라서 다른 혹은 더 강력한 방어 조치의 도입으로 대체되어야 하는 외면의 정책, 곧 자아의 타조 정책[18]이다.

편집증에서 낯설음 감정Fremdheitsgefühl이 보호 역할을 수행하지 못할 경우, 동성애적 대상을 향한 리비도적 충동은 대상 자체에 투사되고, 그 결과 이 충동은 반대 방향으로 전환되어 사랑하는 자에 대한 공격성과 박해로 나타난다. 낯섦Fremden이 적Feinde 이 되는 것이다. 이러한 적대감은 거부된 무의식적 리비도에 맞서 새롭게 더 강화된 자기 보호의 시도다.

조현병에서 나르시시즘적 기관 리비도 역시 이와 유사하게 작동할 수 있다. 낯설게 된 기관 — 우리의 경우에는 신체 전체

순간, 환자의 의식 속에 되살아나는 것일지도 모른다.

18. [옮긴이] 타조가 위험 앞에서 모래에 머리를 파묻는다는 통념에 빗댄 표현으로, 자아(Ego)가 외부 현실의 위협이나 내적 갈등에 직면하여 이를 인식하기를 거부하는, 일종의 회피적 방어를 가리킨다.

─ 이 외부의 적으로서, 환자에게 고통을 가하는 장치로 나타나는 것이다.

이로써 우리는 영향 장치의 발달사에서 세 가지 주요 단계를 구별할 수 있다.

1. 기관에의 리비도 적체로 인해 발생하는 변화감*Veränderungsgefühl*(Hypochondrie건강 염려증).

2. 병적으로 변화된 기관에 대해 자아가 취하는 거부로부터 발생하는 소외감*Entfremdungsgefühl*. 이는 병적으로 변화된 기관이나 그 기능이, 마치 자아에 의해 승인된 온전하거나 상대적으로 건강한 기관이나 기능의 맥락에 속하지 않는 것처럼 자아에 의해 부인되거나 자아로부터 배제됨으로써 생겨난다.

3. 병적 변화를 외부 세계에 투사함으로써 발생하는 박해감정*Verfolgungsgefühl*(paranoia somatica). 이는 a) 변화의 원인 제공자를 낯선 적대적인 힘에 귀속시키고, b) 영향 장치를 구성함으로써 생겨난다. 영향 장치는 병적으로 변화된 기관늘 전체(신체 전체) 또는 그중 개별적인 특정 기관들을 외부로 투사된 하나의 전체로 묶은 것*Zusammenfassung*이다. 개별 기관들 가운데 성기는 투사 기제의 계기로서 우선적인 지위를 차지할 수 있다.

개별 기관에서의 리비도 적체라는 가정은 이 단어의 생리적 의미에서 진지하게 고려되어야 한다. 그래야만 특히 조현병에서 자주 관찰되는 현상, 곧 좁은 의미의 염증이나 부종이 없음에도 불구하고 개별 기관이 일시적으로 부어오르는 현상을 발기의 등가물Erektionsäquivalente로 설명할 수 있다. 이는 페니스나 클리토리스의 발기와 동일한 방식으로, 다시 말해 리비도가 기관에 충전됨으로로써 생기는 기관의 체액 과잉으로 발생한다.[19]

---

19. 슈트트가르트의 파우저(Fauser)는 몇 년 전, 압더할덴(Abderhalden) 투석법을 수단으로 조발성 치매(Dem. praecox) 환자에게서 성 분비물이 섞인 혈액 범람을 확인했다는 보고를 한 바 있다. 이 보고가 정확하다면, 이는 심리학에서 기인하는 이 가설에 대한 기관론적(organologisch) 뒷받침을 제공하는 사례로 여기 포함시킬 수 있을 것이다. 이러한 방향에서 행해진 또 하나의 새롭고 중요한 단서는 슈타이나흐(Steinach)의 기대되는 실험이다. (내 논문이 완성된 후 *Münchner medizinische Wochenschrift* 1918년 6호에 「사춘기 샘(腺)의 교환을 통한 동성애의 변형(Umstimmungen der Homosexualität durch Austausch der Pubertätsdrüsen)」이라는 제목으로 슈타이나흐와 리히텐슈테른(Lichtenstern)의 매우 흥미롭고 중요한 논문이 발표되어 이러한 기대의 일부를 실현시킨다.) 나아가 내 논문이 완성된 이후 *Internationale Zeitschrift für ärztliche Pyschoanalyse* 제4권 5호에 실린 S. 페렌치(Ferenczi)의 논문 「질병신경증과 병리신경증에 대하여(Von Krankheits und Pathoneurosen)」에서는, 앞서 서술한 개별 기관들의 리비도 점유라는 가정이 특히 생산적으로 적용된 것으로 보인다.

VI

적대적인 장치가 객관적인 관찰자가 보기에는 사실상 사랑 대상으로 등장할 수밖에 없는 인물들 — 청혼자, 애인, 의사 — 에 의해 작동된다는bedient 사실은 전혀 놀라운 일이 아니다. 이들은 모두 감각성Sinnlichkeit과 신체를 건드리며bedient, 리비도의 전이를 요구하는 인물들이다. 정상적인 경우에는 실제로 이러한 전이가 일어난다. 그러나 지나치게 강하게 고착된 나르시시즘적 리비도는 사랑 대상이 제기하는 이 전이의 요구를 적대적인 것으로, 전이를 요구하는 대상을 적으로 느낄 수밖에 없다.

여기서 주목해야 할 것은 특정한 그룹의 사랑 대상들 — 모친, 현재 환자를 치료하는 담당 의사, 가족이나 가까운 지인들 — 은 환자에게 박해자가 아니라 오히려 환자와 운명을 공유하며 영향 장치의 영향을 받는 박해받는 자로 여겨진다는 사실이다. 여기서 우리는 편집증의 경우와는 반대로 박해자가 아니라 박해받는 자들이 수동적 공모로 체계화된다는 점을 관찰한다. 이에 대해서는 다음과 같은 설명을 시도해 볼 수 있겠다.

가장 먼저 눈에 뜨이는 건, 박해자는 환자와 공간적으로 떨어져 사는 인물이고, 박해받는 자들은 가까운 곳, 공간적으로 멀지 않은 환자의 지인 범주에 속하며 — 아버지의 이마고이기도 해서 가족에 속하는 의사들을 포함해 — 늘 사적으로 함께하는, 일종의 환자 가족으로 표상된다는 점이다. 가족 구성원은 환자 생애의 초창기에 함께 있었던 사랑 대상들이며 동일화를 통한 나르시시즘적 대상 선택에 종속된 사랑 대상들이다. 환자는 현재에도 이들을 자신의 운명에 종속시키고, 그들과 자신을 동일화하는 방식의 대상 선택 형식을 지속한다. 정상적인 경우에도 가족 구성원에게서 제기되는 리비도 전이의 요구는, 먼 거리를 극복해야 하거나 자기 자신의 강한 소외 Entfernung 혹은 나르시시즘의 심대한 포기를 요구하는 것으로 경험되지 않는다. 이러한 인물들에게 동일화를 수행하는 환자는 이미 익숙하게 밟아온 경로를 따르며, 이 경로는 이 대상들의 리비도 점유에 저항하거나 그를 적대적으로 느껴야 할 정도로 환자의 나르시시즘을 위협하는 것으로 나타나지 않는다. 애인이나 구혼자의 경우는 이와 다르다. 이들은 대상 리비도를 요구하면서 매우 높은 정도로 나르시시즘적 위치를 위협하며, 그로 인해 적으로 배척된다. 여기서 이 인물들과의 공간적 거리는 리비도에게 거리감 Distanzgefühl의 유발 요인으로 작용한다. 거리를 넘어서는 리비도 전이는 대상 위치의 승인이라는 요구, 자기 양도 Selbstentäußerung라는 특별히 강한 요구로 경험된다. 이는 정상적인 삶에서도 마찬가지다. 사랑하는 인물과의 공간적 거리는 대상 리비도를 위험에 빠뜨리거나 그것을 다시 회수하도록, 다시 말해, 그 사람, 그 대상을 포기하도록 만들기도 한다. 거리를 두고 사랑해야 하는 요구는 대개 마지못해 수행되는 어려운 과제다. 우리의 환자는 자신의 사랑 대상을 정상적인 방식으로 포기할 수 없다. 그녀가 그들을 정상적인 방식으로 점유하지 않았기 때문이다. 환자는 더 많은 요구를 하는 사랑 대상들은 편집증적 역학을 통해서만, 그보다 덜 요구하는 사랑 대상들은 동일화를 통해서만 처리할 수 있다.

영향 장치를 작동시키는 박해자가, 내 경험에 따르면 전적으로 남성들이라는 점은 현재로서는 설명하기 힘들다. 이는 관찰의 오류이거나 나에게 주어진 자료의 우연성 때문일 수도 있다. 이에 대해서는 추가적인 연구를 통해 해명될 필요가 있다. 그러나 이성애적 대상이 박해자로 등장할 수 있다는 점은, 편집증의 동성애적 기원에 대한 프로이트 이론의 배타성 요구와 충돌하는 것처럼 보인다. 이에 대해서는 프로이트와 모순에 빠지지 않으면서 다음과 같이 설명할 수 있다. 영향 장치는 성의 대립이 아니라 나르시시즘적 리비도와 대상 리비도의 대립만이 문제 되는 특정한 퇴행적 심적 단계에 상응한다. 이 단계에서는 리비도 전이를 요구하는 대상은 성 구분과 무관하게 모두 적대적으로 경험된다.

VII

이러한 논의가 헛되지 않도록 우리가 명심해야 할 이 긴 우회를 거쳐, 이제 다음의 질문으로 되돌아가 보자. 즉, 임상적으로 알려진 전형적인 기계 형태의 통상적인 영향 장치가, 나탈리야 양의 장치와 마찬가지로 환자의 신체가 투사된 것이라고 보는 견해는 어떻게 정당화될 수 있는가.

답은 그리 어렵지 않게 찾을 수 있을 것이다. 기계가 자기 신체 이미지 구성 요소들이 연쇄적으로 치환됨으로써, 마치 'alopex에서 Fuchs를 끌어내듯'[20] 생겨난다고 전제하지 않고, 오히려 기계 꿈에서 주장된 경험, 곧 기계가 성기를 표상한다는 사실을 기계 형태를 한 전형적인 영향 장치의 해명에도 적용할 수 있다면, 우리는 다음과 같은 사유의 가능성에 도달하게 된다. 초기 유아기 단계로의 리비도 퇴행은 성기 중심적이던 리비도를 전前성기 리비도 위치로 역변환Rückwandlung 시키는 조건이 되기도 한다. 전前성기 리비도 위치에서는 신체 전체가

---

20. [옮긴이] '신체 이미지의 구성 요소들이 연쇄적으로 대체되어 기계가 생겨났다'는 가설은 그리스어 '여우'를 의미하는 'alopex'에서 독일어 여우 'Fuchs'를 끌어내는 것 같은 일종의 순환적이고 동어 반복적 설명임을 의미하는 표현이다.

리비도 영역이고 신체 전체가 성기다. 이러한 판타지는 나르시시즘적으로 강하게 충전되어 있고 성적으로 극히 유아적인 신경증에서도 발견된다. 나는 실제로 그러한 사례를 관찰한 바 있다. 모태 콤플렉스에서 기인하는 이 판타지는, 일반적으로 남성이 자신이 나왔던 성기 안으로 완전히 기어들어 가려 하며, 그보다 덜한 것으로는 만족하지 못한다는 내용이다. 그 남성 전체가Der ganze Mann 곧 페니스인 것이다. 또한 아버지(곧 아버지의 페니스)와의 동일화 경로 역시, 남성 환자들의 경우 과잉 결정적으로 이 증상 형성에 기여한다. 이러한 증상은 신경증에서도 확산된 나르시시즘적 기관 리비도 단계로의 퇴행으로 파악할 수 있으며, 대부분의 경우 성기능 불능과 결합되어 있다. 다시 말해 성기가 포기된다.[21] 나탈리야 양의

21. 남성 조현병 환자는 이 성기 포기를, 자신에게서 '탈취되는' 남성적 힘의 상실로, 혹은 직접적인 여성으로의 변형으로 경험한다. 이는 사내아이가 자신에게는 한 종류의 성기만 존재하며 여성은 거세, 곧 성기의 상실을 통해 생겨난 존재라고 믿는 유아적 표상에 상응한다. 거세 콤플렉스는 요도 및 배뇨 성애(Urethral und Harnexkretionserotik)에서 기인하는 정액과 소변의 동일화와 밀접하게 결부되어 있는 경우가 많다. 나는 방광 비우기를 거부하던 조현병 환자가 도관을 통한 배뇨(katheterisiert)를 시행했을 때 거세 불안 발작(Paroxymus)을 일으킨 사례를 관찰한 바 있다. 그는 내가 도관(Katheter)을 통해 그와 성교하고 그의 정액을 전부 배출시키려 한다고 주장했다. 이를 통해 그가 소변을 참는 것 또한 남성성을 대변하는 정액의 배출을 거부하는 것임이 드러난다. 이러한 환자들이 자신의 배설물을 가지고 노는 행위 역시 대변과 소변을 자기 신체의 일부로 여기는 나르시시즘적으로

영향 장치에 성기가 결여되어 있다는 점 역시 이러한 상황을 반영한다. 장치 몸통의 둥근 덮개 형태에서는 모태 판타지와 어머니와의 동일화[22]가 표현되는 것으로 보이는데, 이러한 형태는 추측건대 임신한 모태를 표현한다. 그 안에 배치된 배터리는 아마도 아이일 것이며 결국 환자 자신일 것이다. 아이가 배터리라는 형태로, 다시 말해 기계의 형태로 사고된다는 점은 인간 전체가 성기로 경험된다는 추정을 다시금 뒷받침한다. 성기가 없다는 것은 전前성기적 단계, 곧 어떤 의미에서는 아직 성기가 없는 단계를 표상하기 때문이다.

따라서 기계 형태의 영향 장치가 만들어진다는 건, 전체가 성기인 자기 신체가 투사된 결과임을 의미한다.

꿈에서 기계가 최우선 지위로 격상된 성기의 표현에 다름아니라는 건, 조현병에서 기계가 성기로서의 전체 신체의 표현이라는, 곧 전前성기 시기의 표현이라는 가능성과 결코 모순되지 않는다. 이는 이전까지의 삶의 표상 재료Vorstellungsmaterial가 환자에게서 소실되지 않았음을 의미한다. 성Sexualität의 대표물 Repräsentanten로서의 성기 이미지는 표상 저장소에 보존되어

근거 지어진 견해를 통해 설명될 수 있다. 배설물을 섭취하는 식분증 (Koprophagie)은 배설물이 그것이 나온 신체와 본질적으로 다르지 않다는 표상이 억제되지 않음으로써 생겨난다.
22. 이 동일화에 대한 상징 언어에서 나온 증거는 앞서 "머리 없는 여자"에서 이미 제시한 바 있다.

있다. 따라서 그 이미지는 표현 수단으로, 그 표현 수단이 형성되기 이전부터 있어 왔던 현상들을 묘사하고 전달할 수 있는 언어로 사용된다. 여기서 성기는 상징 체계보다 더 오래된 것이며, 인간과의 관계 맺음에 적합한 그 어떤 표현 수단보다 더 원초적인 것으로서, 따라서 동시대의 어떤 표현으로도 온전히 전달할 수 없는 성의 상징일 따름이다. 그렇다면 이 이미지는 성기 시기에서 비롯된 표상과 어휘 저장고의 언어로 말하자면 '나는 전적으로 성이다Ich bin ganz Sexualität'에 다름 아니다. 그러나 실제 텍스트는 '나는 전적으로 성기다Ich bin ganz Genitale'이다. 이 텍스트가 실제적인 리비도 관계들에 부합하는 언어로 번역되어야 하는 것이다.

기계 형태를 한 통상적인 영향 장치는, 질병 과정이 지나치게 빠르게 진행되어 삶의 그 외딴 영역에까지 휘몰아치는 바람에 선행 단계들이 연쇄적으로 형성되지 못한 결과로 생겨난 것일 수 있다. 또한 이러한 선행 단계들이 관찰자들의 눈에 뜨이지 않았거나 환자에 의해 전달되지 않았거나, 혹은 선행 단계로 인식되거나 평가되지 않았기 때문일 수 있다. 그 결과 나탈리야 양의 영향 장치와 기계 형태의 통상적인 영향 장치 사이의 관련성이 학문적으로 간과되었을 가능성도 있다.

그러나 적어도 두 견해 사이의 모순, 즉 기계 형태의 영향 장치가 신체의 투사로서의 영향 장치가 연쇄적으로 왜곡되어 형성된 것이라는 견해와, 그것이 꿈속의 기계처럼 성기의 투사를 표현한다는 견해 사이의 모순은 해소된 것으로 보인다. 인간 형상의 장치 형성물이 점차 왜곡되어 기계 이미지로 이행하는 과정은, 투사의 관점에서 보자면 자아로부터 하나의 확산된*diffuses* 성적 존재*Sexualwesen*를 만들어 내는 과정에 상응하고, 이를 인간의 성기 시기의 언어로 표현하자면, 성기, 곧 자아의 의지로부터 독립되어 마치 낯선 의지에 종속된 듯한 기계를 만들어 내는 병리적 과정의 진전에 상응한다.[23] 성기는 자아의 의지에 따르지 않고 오히려 자아를 지배하기 때문이다. 이 심리학에서 우리가 발견하는 것은, 난생처음 발기를 의식적으로 알아차린 남자아이들이 느끼는 놀라움의 잔향이다. 발기가 즉각적으로 예외적이고도 신비한 작용으로 파악된다는 사실은, 발기가 자아로부터 독립된 것이자 남김없이 장악될 수 없는 것으로서, 외부 세계의 일부로 경험된다는 가정을 뒷받침할 뿐이다.

---

23. 인간의 기지(Witz)가 인간 신체를 모델로 해서 만들어 낸 기계들 역시 자기 자신의 리비도적 구성의 무의식적 투사다. 인간의 기지는 무의식에 대한 관계를 포기할 수 없는 것이다.

자위에 대하여

Über Onanie

자위에 대하여[1]

자위Onanie를 서술함에 있어서 규정적인 계기들은 다음과 같은 구도로 정리될 수 있다.

1. 자위의 주체
2. 자위의 원인
3. 자위적 행위Betätigung의 계기와 형태
4. 자위의 목적과 효과
   a) 자위가 개인과 사회에 갖는 의미
   b) 자위는 어떤 조건에서 해로워지는가

1. 출처: Viktor Tausk, "Über Onanie," *Die Onanie. Vierzehn Beiträge zu einer Diskussion der Wiener Psychoanalytischen Vereinigung*, Wiesbaden: J. F. Bergman, 1912. pp. 48~68.

이 구도는 자위가 마치 하나의 닫힌 궤도로 전개되는 현상인 양, 명확하고 단정적으로 제시·설명할 수 있다는 인상을 줄지도 모른다. 그러나 그것은 불가능하다. 인간의 성생활Geschlechtsleben에서 하나의 특수한 현상인 자위는, 그 행위가 이루어지는 매 경우마다 주체의 성적 태도 전반을 대표하며, 성Sexualität 자체가 그러하듯 삶의 온갖 현상들과 다층적인 관계를 맺는다. 따라서 성이 삶에서 갖는 의미를 모든 측면에서 온전히 제시하려는 시도는 애초부터 이미 비현실적인 기획일 수밖에 없다.

성생활의 부분 현상으로서 자위는, 피상적인 관찰에서는 성충동Sexualtriebe의 특수한 활동 형태로만 보인다. 즉 다른 대상의 개입 없이 오직 자기 신체를 통해서만 성적 흥분을 방출Abführ하는 자기 충족Selbstbefriedigung 행위로 이해되곤 한다. 그러나 이러한 통속적 정의에 내포된 자위 표상은, 모든 인간에게 귀속될 수 있는 경험에 비추어 보더라도 실제 관계들을 충분히 재현하지 못한다는 사실이 드러난다. 우선 자위는 외부 대상 없이 이루어지는 경우 못지않게, 온갖 종류의 외부 대상의 노움을 받아 행해지는 경우도 적지 않다. 부생불적 대상들뿐 아니라 살아 있는 존재들 — 암수를 불문한 동물과 인간까지 — 도 자위적 행위에 동원되며, 특히 후자의 경우에는 외적 기준만으로는 그것이 자위인지 아니면 파트너의 참여를 절대적 전제로 하는 완전한 성행위인지 가려내기 어렵다. 실제로 어떤 남성은 여성의 질 안에서 자신의 페니스를 사용해 자위를 한다고 고백하기도 한다. 나아가 성별이 분리된 종들의 경우, 서로 다른 성의 개체들 사이의 성기적 결합이 완전한 성교의 유일한 유형임에도 불구하고, 그것이 자위적 행위로 느껴지는 경우도 있다. 결국 어떤 성행위Geschlechtsakt를 자위로 볼 것인가, 아니면 코이투스Koitus (성교)로 볼 것인가를 가르는 기준은 그 행위의 외적 형태에 있는 것이 아니라, 그 위에 구축되는 심리적 상부 구조Überbau에 있다.

자위 개념은 단지 완전한 성행위로서의 성교와 구별하기 위해서만 필요한 것이 아니다. 겉보기에는 성적 성격을 전혀 띠지 않는 듯 보이는 인간의 여러 활동 형태들과도 구별해 내기 위해 필요하다. 여성이 유두를 만지작거리며 성적 흥분을 얻거나, 남성이 항문 마찰을 통해 사정을 유발하는 경우, 이러한 행위들은 성기에서 수행되지 않더라도 별다른 이견 없이 자위적 행위로 인정된다. 반면 엄지를 빨거나, 코를 후비거나, 끊임없이 입술을 핥거나, 귓불을 잡아당기기 같은 행위를 자위라고 주장한다면, 그것은 받아들여지기 어렵다는 점을 인정해야 한다.

앞서 언급한 활동들이 실제로 성적 행위sexuelle Aktionen에 해당되는지 여부는 여전히 입증되어야 할 문제다. 결국 여기서 우리 앞에 놓인 것은 한마디로 성 개념의 경계에 관한 물음이며, 자위가 이 행위들에서 입증되는 한, 그것은 성 활동sexuelle Betätigung의 한 특수한 형태로 나타날 것이다.

내 논의의 기초가 되는 성 개념Sexualitätsbegriffe은, 프로이트가 정신분석학의 여러 저작에서 정식화한 성Geschleichtlichkeit의 본질과 범위에 관한 것이다. 이에 따르면 인간에게는 두 가지 고유한 기본 충동, 곧 종족 보존 충동 또는 번식 충동Fortpflan-zungstrieb과 자기 보존 충동Selbsterhaltungstrieb이 있다. 종족 보존 충동은 개별 인간에게서 성 충동Sexualtrieb으로 대표되고, 자기 보존 충동은 그 밖의 모든 충동들로 대표된다. 이 두 충동의 활동을 통해 개인은 자신의 존재를 보장한다.[2]

번식 행위에 봉사하는 특수한 기관이 성기Genitale다. 그러나 성은 번식 목적으로만 활동하지 않는다. 번식은 성의 표현

2. 시간적으로 먼 것을 지각(Fernwahrnehmung)하기 위한 기관인 의식의 창출은 자기 보존 충동에 귀속된다. 시간 속에서(동시성과 연쇄(Sukzession) 속에서) 방향 설정은 표상과 정서의 흐름을 지각하는 것, 다시 말해 내적 상태를 지각하는 것과 동일하다. 따라서 의식이란 자기 자신의 심리적 상태를 지각하는 기관이다. 이를 통해 의식은 다른 개인들에 대립되는 특수 존재 (Sonderexistenz)로서의 자아를 자기 보존의 단위로서 산출한다. 그러므로 자아는 개인이 자신의 특수 존재를 유지하려는 모든 수행을 대표하는 개념이다. 자기 보존의 현실성이 이 대표 개념하에 포섭되는 한에서, 자아는 개인과 외부 세계의 모든 관계를 조절하는 기능이 된다. 이러한 점에서 자기 보존에 봉사하는 충동군을 성 충동에 대비하여 자아 충동(Ichtriebe)군이라고 부를 수 있다.

가운데 극히 작은 부분을 차지할 뿐이다. 성은 주로 성적 쾌락 획득을 위해 활동한다. 이러한 의미에서 성은 성기 외에도, 자기 보존 충동에 함께 봉사하는 다른 기관들을 이용할 수 있다. 프로이트는 이러한 기관들을 성감erogenen 혹은 성적 주변 부위sexuelle Nebenzonen, 성기는 주요 부위Hauptzone라 부른다. 주변 부위들은 두 부류로 구분된다. 성적 쾌락을 직접적으로 제공하는 데 사용되는지, 다시 말해 성적 흥분의 직접적 매개자로 기능하는지 아니면 상징화 경로와 이차적 정동 점유 Affektbesetzung를 통해 성적 주변 부위의 역할을 떠맡는지에 따라서다. 감각 기관들은 전자에 속하고, 신체의 모든 구성 요소는 후자에 속한다. 다만 이 구분의 본질적 의미는 여기서 더 이상 논증될 수 없으며, 이를 이해하려면 정신분석에 대한 철저한 연구가 요구된다.

그러나 적어도 여기서 다음의 인식만큼은 도출된다. 성적 쾌락을 매개할 수 있는 모든 기관은 성적 활동, 다시 말해 자위에도 적합하다는 것이다.

성기 외적인 성적 활동이란, 성적 행위 표상sexuelle Aktionsvor-stellung의 지배하에 수행되는 성적 부위의 활동을 의미한다. 손으로 타인의 신체를 더듬는 행위는 "만져지는 신체가 성적 쾌락 획득의 대상"이라는 표상을 동반할 때만 성적 기능을 수행한다. 이 표상이 없다면 더듬는 손은 자기 보존을 위한 방향 설정Orientierungsdienste 기능만을 수행할 뿐이다. 정신분석은 어떤 행위를 지배하는 표상이 반드시 의식적일 필요는 없다는 점을 가르쳐준다. 그것은 무의식적일 수도 있다. 다시 말해 설령 그 행위를 수행하는 개인이 자신의 활동 목적에 대해 아무 진술도 할 수 없는 경우에도, 그것이 성적 쾌락 획득을 위해 수행되었다는 사실이 그 행위로부터 추론될 수 있다는 것이다.

설령 의식의 문제를 전적으로 제쳐두더라도, 또 분석의 과정을 통해 성적 목표 표상이 존재함이 밝혀진 경우라 하더라도, 모든 활동이 자위 개념을 설정하는 데 동원될 수 있는 것은 아니다. 성은 신경증적 증상들 속에서도, 승화된 활동들 속에서도 관철되기 때문이다. 다만 이 경우 성적 쾌락은 직접적이고 특수한 방식으로 획득되는 것이 아니라 오직 소원으로서 상징화될 뿐이다.

따라서 나는 자위를 다음과 같이 이해한다. 자위란 성기 혹은 성적 주변 부위Nebenzone에서 이루어지는 성적 활동의 한 형태로서, 파트너를 본질적인 전제 조건으로 요구하지 않으며, 성적 흥분을 직접적으로 해소하는 것을 목표로 하는 활동이다. 성적 쾌락의 상징적 표상(신경증적 증상, 승화)은 여기에 포함되지 않는다. 자위적 행위 표상이 의식적으로 자각되는지 무의식적인지는 자위 개념을 규정하는 데는 본질적 문제가 아니다.

자위의 주체는 모든 연령대와 모든 사회 계층에 속하는 남녀 양성beiderlei Geschlechts 모두이다. 다만 아동의 자위에는 고유한 역할이 부여되어야 한다. 아동의 자위는 처음에는, 자기 신체를 대상으로 하는 영아Säugling의 모든 방향 설정 활동과 마찬가지로, 순수한 충동적 행위로 평가될 수 있다. 주로 성기에서의 특정한 손 조작Manipulationen — 그다음으로는 예컨대 입술, 배꼽, 유두 등에서의 조작 — 이 특수한 성적 쾌락을 유발하고, 아동의 활동이 이미 표상으로 준비되어 있는 쾌락 획득을 지향할 때 비로소 엄밀한 의미에서 자위라고 말할 수 있다. 다시 말해 그 활동 안에 특수한 성적 쾌락의 획득이 표상으로서 내재해 있어야 한다.

이런 상태가 비교적 이른 시기에 나타난다는 점은 확실하다. 이는 무엇보다도, 아동이 양육자의 온갖 제지에도 불구하고 목적의식을 지닌 채 반복적으로 성기를 붙잡으려 한다는 사실에서 가장 분명하게 드러난다. 이는 아동이 이미 해당 기관들의 특수한 감각을 인식하고 있으며, 바로 그 감각으로서의 성적 쾌락을 추구하고 있음을 전제한다. 초기 아동기가 과연 성적 쾌락을 알고 있는가라는 질문에는, 프로이트를 따라 긍정으로 답해야 한다. 이론적으로 보더라도, 종족 보존과 개인적으로 고도로 분화된 쾌락 획득이라는 강력한 목적을 지닌 충동이

― 그 목적을 위해 환경 속 모든 대상에 대한 앎과 연습을 요구하는 그런 충동이 ― 인간 생명의 시작 단계에서 발현되지 않아야 한다고 가정할 이유는 없다. 생후 첫 몇 년 동안 아동이 쾌락의 긴장과 해소를 어느 정도까지 경험하는지는 개인마다 다르다. 일부 저자들은 생후 1년된 아동에게서 오르가슴과 유사한 흥분과, 그에 뒤이어 몸이 달아오른 채 잠이 쏟아지는 상태가 관찰된 사례들을 이미 보고한 바 있다. 그러나 일반적으로 이 연령대에서 자위가 그 정도까지 진행되는 경우는 드물다. 이 시기의 자위는 대체로 특정하게 강조된 쾌적한 흥분을 만들어 내는 데 봉사할 정도에서 멈춘다.

자위의 원인은 한마디로 성 충동Sexualtrieb에서 찾아야 한다. 자위는 아동 연령의 발달 단계에 상응하는 성 충동의 연습Übung 형태에 다름 아니다.

자위행위를 유발하는 계기들은 매우 다양하며 연령, 환경, 개인의 특수한 성향에 따라 달라진다. 그 최초의 계기는 성적 자극 감각이다. 이는 아동이 방향 설정Orientierung을 목적으로 자신의 여러 신체 부위를 무심코 만지작거리는 과정에서 비롯된다. 아동 스스로 만들어 낸 이러한 흥분들에 더하여, 양육자가 아동을 씻기고 옷을 입히는 과정에서 성적으로 민감한 기관들을 만지거나 문지르며 가하는 자극들이 뒤따른다. 양육자의 이러한 접촉은 아동이 겪게 되는 최초의 성적 유혹이다.

이 과정을 통해 아동은 성적 부위 접촉에서 비롯되는 쾌락의 원천을 알게 되고, 동시에 그것을 자연스럽게 활용하는 법을 배우게 된다. 이 최초의 유혹은 인간의 삶에서 지극히 중대한 의미를 지닌다. 그것은 아동으로 하여금 자신의 쾌락 욕구를 타인에게 의존하고, 타인을 통해 충족시키도록 이끄는 계기이며, 나아가 인간에 대한 호감과 사랑이 형성되기 위한 최초의 불가결한 조건이다.

성적으로 의심받지 않는 성적 주변 부위들이 아동에게 쾌락의 수단으로 허용되는 한 ─ 다행히도 성을 경계하는 우리 시대도 아동에게는 '죄악적' 쾌락을 상정하지는 않기 때문에 ─ 이 부위들은 타인과의 접촉에서 생기는 애정 표명Zärtlichkeitsbezeugung을 통해 성적 흥분을 배출하고 사랑을 주고받는 매개가 된다. 그러나 이 경로를 통해 해소되는 성적 흥분의 양은 욕구를 완전히 충족시키기에는 충분하지 않기에, 아동은 가장 큰 쾌락과 완전한 해소를 보장해 주는 주요 부위Hauptzone로 향하게 된다. 그 결과 아동은, 그처럼 노골적인 성적 활동은 용납하지 않고 가용한 모든 교육적 수단을 동원해 이를 억압하려는 교육자들과 갈등에 빠지게 된다. 그렇게 되면 성적 쾌락 욕구와 교육적 규율 가운데 어느 쪽이 승리할 것인지는 충동의 강도에 달려 있다. 자위가 인간 삶에서 획득할 수 있는 의미 중 가장 결정적인 몫이 바로 이 갈등에서 유래한다. 이는 허용된 성적 활동 형식과 금지된 성적 활동 형식 사이의 갈등이 아니다. 이는 자위라는 형식으로, 전적으로 시기에 맞게^{zeitgemäß} 모습을 드러내는 성의 씨앗^{Sexualität in nuce}과 교육자의 금지라는 형식으로, 마찬가지로 시기에 맞게 모습을 드러내는 사회적 법칙 사이의 갈등이다. 훗날 교육이 개별 개인들에게서 분리되어 사회로 이양되면, 이 사회적 법칙은 '도덕법^{Sittengesetz}'이라는 새로운 명칭 아래 보상과 처벌을 통해 아동을 기다리게 된다.

의식으로부터 성적인 성기 표상을 억압하는 데 성공할수록, 억압된 에너지를 다른 방향으로 전환·사용해야 하는 과제는 그에 비례하여 커진다. 이 에너지들 가운데 일부는 객관적 세계에 대한 지적 관심을 위해 소비되고, '더 높은' 유형의 성취들을 지향하는 다른 기능 형태들로 '승화'된다. 그러나 나머지 일부는 성적 주변 부위를 점유하여 성기 표상 없는 특수한 성적 쾌락으로 활성화된다. 이 경로를 통해 주변 부위들은 그에 상응하는^{konvenierende} 만족 대상에 대해 감수성을 획득하게 되며, 이 관계 속에서 나타나는 아동의 반응으로부터 주변 인물들에 대한 호감이나 반감^{Sympathie und Antipathie}의 태도가 형성된다. 편견 없는 관찰이 보여주는 바는, 아동의 호감과 반감이 성인에게서 관찰되는 것과 정확히 동일한 에로틱한 반응 양식에 따라 나타난다는 사실이다. 체취, 머리카락의 색, 신체 기관의 형태, 애정Zärtlichkeit 등이 타인을 향한 아동의 태도를 결정짓는 요소들이다. 그러나 어떤 이유에서든 하나 혹은 다수의 주변 부위가 과민화될 경우— 예컨대 그것들이 이용되는 특별한 방식과 빈도 혹은 체질적 소인konstitutionelle Disposition에 의해 — 아동에게서 해당 부위의 자발적 사용이 나타나는 것을 관찰할 수 있다. 아동은 코를 후비고, 입술을 핥고, 손가락을 빨며 여러 신체 부위를 쾌락적으로 만지고, 강한 냄새를 찾는 등의 행동을 보인다. '나쁜 버릇Unarten'이라는 인상을 주는 이러한 아동의 활동은, 대부분의 경우는 성적 주변 부위에서 수행되는 진정한 자위적 행위이면서 도착의 유아적 전조다. 자위행위를 촉발하는 계기 가운데 특히 중요한 것은 성의 가학-피학적 충동 구성 요소이다. 이 구성 요소가 처벌과 결부될 경우, 고통을 가하거나 견디는 판타지를 불러일 으키게 되며, 이 판타지의 성적 성격은 머지않아 아동에게 인식된다. 이 판타지들은 명백히 성기 흥분Genitalerregungen과 결합되어 있으며, 그 내용 또한 처음부터 그러지는 않았다 하더라도 매우 빠르게 성적 표상의 전형katexochen, 즉 성기 표상으로 수렴되기 때문이다. 가학적-피학적 자위는 아동이 자기 자신을 때리거나 물거나 긁는 방식으로 행해진다. 매우 흔한 예로는, 아동이 배를 깔고 엎드린 채 발꿈치로 자기 엉덩이 를 치는 행위를 들 수 있다. 이 밖에도 손톱 물어뜯기, 이른바

‘질투의 뿌리’라 불리는 사마귀 뽑기, 피가 나도록 종아리나 팔을 긁는 행위 역시 잘 알려져 있다.

판타지가 충분히 발달하면, 그것은 자위행위의 의식적 동반자가 된다. 그렇게 되면 판타지는 독서나 대화, 혹은 시선을 통해 획득된 흥분을 주요 부위나 주변 부위로 전이시키는 매개로서 기능하며, 자위행위를 촉발하는 계기가 되기도 한다. 이러한 판타지의 기능은 이후에도 지속적으로 유지된다. 그런데 특정 상황에서는 신체 조작의 지원 없이 이루어지는 판타지 유희Phantasiespiel만으로도 성적 흥분의 최종적 해소에 충분할 만큼, 판타지가 자립적으로 형성되기도 한다. 이를 심리적 자위라고 부른다. 자위행위의 성적 목표 표상이 무의식적일 수 있는 것과 마찬가지로, 그 행위의 기저에 놓인 특정한 판타지 — 즉 쾌락을 보장하는 대상의 외적 현실에서 취해졌으나 그로부터 분리된 내용을 가진 하나의 표상 또는 표상 결합체 — 역시 무의식적일 수 있다. 이러한 무의식적 자위 판타지의 내용은, 이후 그것이 의식화되었을 때 — 더 나아가 그 판타지를 의식하기 이전부터 이미 그것을 가지고 있었던 것처럼 행동해 왔음을 인정함으로써 — 개인 스스로에 의해 해명될 수도 있다. 혹은 그 판타지는 분석의 과정을 통해 특수한 자위행위 방식으로부터 역으로 도출되기도 한다.

최초의 자위적 판타지의 내용에는 배변 표상, 배뇨 표상,

피학적-가학적 표상, 성인들 간의 성행위, 성인과 아동 사이, 아동과 아동 사이의 성행위에 관한 모험적이고 유아적인 판타지들이 포함된다. 이러한 판타지를 성적인 것으로 판별하는 일은 종종 쉽지 않은데, 판타지 속에서 제시되는 쾌락 대상이 항상 성기인 것은 아니기 때문이다. 종종 매우 난해하고 이해하기 어려운 이 표상들의 진정한 성적 성격을 밝혀내는 데 있어, 프로이트는 유아성 이론 탐구를 통해 결정적인 기여를 했다. 대부분의 경우 이러한 해석을 위해서는 프로이트가 발견한 상징적 해석 방법이 적용되어야 한다. 최초의 자위적 상상에 등장하는 인물에는 대개 아동 자신은 포함되지 않으며, 부모와 양육자가 중심을 이루고, 그다음으로 하인과 형제자매가 뒤따른다. 또한 이 판타지에는 동물뿐 아니라 일부 무생물 대상(인형, 요강 등) 역시 성적 쾌락의 대상으로 자주 등장한다. 나는 나의 경험에 근거하여, 자위적 판타지에 등장하는 인물들을 그 사용 빈도에 따라 나타나는 순서대로 열거하였다. 이 순서는 아동이 해당 인물들과 맺는 관계에서 형성되는 호감의 강도에 의해 규정된다. 이 순서에서 형제자매는 맨 마지막에 놓인다. 여기에는 그럴 만한 이유가 있다. 형제애는 공동생활을 통해 형성되는 습관의 산물, 즉 뒤늦은 산물Spätprodukt이기 때문이다. 형제애의 출발점에는 오히려 증오, 시기, 불리함에 대한 감정, 그리고 질투가 자리한다. 그러나 아이가 자신에게 형제자매가 있다는 사실을 받아들이자마자, 대부분의 경우 형제자매는 근친 판타지에서 가장 앞자리를 차지하게 된다. 그 이유는 단순하다. 형제자매는 서로에게 거리낌 없고, 서로에게 성적 표상을 제공하며, 그러한 표상들이 부모의 묵인 아래 제공되기 때문에 아이가 이를 거부할 이유가 없다. 또한 아이들이 위축되어 있지 않다면, 그들로부터 이러한 판타지에 대한 고백을 언제든지 이끌어낼 수 있다. 설령 형제자매 간의 접촉이 양육자에 의해 성적으로 의심스럽다는 이유로 규제된다 하더라도, 형제 근친 판타지는 여전히 존속한다. 이는 그것이 명확한 감각 인상에 기초한 실제적 표상들로 구성되어 있으며, 매일 새롭게 반복되는 부정할 수 없는 경험의 사실로서 기억에서 지워질 수 없기 때문이다.

이러한 최근의 표상들과 대비되어, 시간적으로 더 오래된 부모에 관한 표상들은 뒤로 물러난다. 아이들의 현재 감각 Gegenwartssinn은 판타지 속에서 부모의 침실에서 기원한 오래되고 불명료한 인상들을, 아이의 방에서 형성된 현재적이고 명확한 표상들로 대체한다. (신경증적 퇴행의 경우는 이와 정반대 과정이 나타난다. 즉, 개인을 괴롭히는 실재적인 현재가 판타지 발달의 위계에서 더 오래된 유아기 상상들에 자리를 내어준다.)

그러나 아이들이 이후에도 부모로부터 직접적이고 강렬한

성적 쾌락을 얻고 있다면, 부모에 관한 근친 판타지는 모든 경우에서 고착될 가능성을 지닌다. 이는 특히 부모와 함께 자는 아이들의 경우에 해당한다. 이들은 촉각과 후각, 그리고 이에 못지않게 시각의 경로를 통해서도, 성적 쾌락의 원천으로서의 부모가 지니는 의미에 대한 실제적 표상들을 획득하게 된다. 이 표상들은 현재적이고 명확한 현실에 상응하기 때문에, 형제자매에 대한 성적 표상만큼이나 억압에 강하게 저항한다. 아동의 성적 판타지에서 하인의 역할 또한 매우 중요하게 평가되어야 한다. 하인들이 우리가 생각하는 것보다 훨씬 더 자주 아이들에게 실제적인 유혹 행위를 저지른다는 건 확실하다. 그러나 이와는 별개로 아이는 자신의 가학성을 배출하기 위한 대상으로 하인들을 즐겨 이용하며, 이 과정에서 아이는 자신을 부모와 동일시하면서 다양한 분노 표출을 통해 하인들에게 신체적으로 공격적인 행동을 보인다. 관찰에 따르면, 이 과정에서 아이는 특히 엉덩이와 성기 부위, 복부를 만지려는 경향을 보인다. 다른 한편으로 아이는 하인들에게서 부모의 엄격함에 맞서는 피난처를 발견하며, 이때 올바른 직감에 따라 주인에 대한 하인들의 적대감을 자기 편의 동맹으로 삼는다. 이러한 아이들은 하인들 곁에 머무르기를 좋아하며, 늘 부엌에 숨어 들어가고, 일하는 이들과 친밀한 관계를 맺으며, 의심을 사지 않는 접촉을 통해 매우 실제적이고 강한 쾌락을 동반한 성적 인상들을 획득한다.

자위적 판타지는 아동의 근친적 성향을 드러내 보여줄 뿐 아니라, 아동이 자신의 성적 욕망을 전개하는 과정에서 생명 있는 것과 무생물, 동성과 이성을 가리지 않고 대상으로 삼는다는 사실도 보여준다. 그러나 만 5~6세 무렵에 이르면, 대부분의 아동에게서 이러한 성적 반응의 다형성은 제한되고 이성애적 판타지가 점차 우위를 점하게 된다. 대략 6세부터 전前사춘기에 이르는 성의 잠복기에 접어들면, 모든 영역에서 성적 흥분 가능성이 눈에 띄게 약화되는 현상이 관찰된다. 특히 신체적 자위는 덜 관찰되며 어떤 아이들에게서는 완전히 사라지기도 한다(프로이트). 학교에 입학하여 학습 대상들과 관계를 맺게 되는 것은 이러한 성의 후퇴를 상당한 정도로 촉진한다. 이러한 과정을 거쳐 우리는 마침내 성적 성숙, 즉 성적 욕망이 성기에 집중되고 대상 선택을 준비하는 생물학적으로 중요한 시기와 마주하게 된다.

사춘기에 이르러 성적 리비도가 급격히 쇄도하면 몇몇 예외를 제외하고는 대체로 자위가 다시 나타난다. 그러나 통상적으로 이 시점에서 자위의 성격은 근본적으로 변화한다. 자위는 의식적인 성적 행위Sexualakt가 되며, 대체로 성 욕망Sexualbegierde의 잠정적 만족으로서 짝으로서의 성적 대상에 도달하기 이전까지의 임시방편으로 수행된다.

자위는 그것이 더 이상 시기에 적합한zeitgemäß 성의 연습이 아니라, 특정 연령에 적응된 형태의 성적 쾌락 획득sexuelle Lustgewinnung으로 나타날 때 비로소 하나의 독자적인 문제로 부각된다.

우리는 문화적 의미에서의 '시기 적합성'과 개인의 발달 단계라는 의미에서의 '시기 적합성'이 서로 일치하지 않는다는 점을 분명히 인식해야 한다. 정상적으로 발달한 인간에게 사춘기 이후의 성적 금욕은 문화적·교육학적 요구일 뿐, 개인 발달의 생물학적 순간에서 비롯된 것이 아니라 문화적 요구에서 도출된 인위적 요청이다.

따라서 사춘기 동안은 물론, 잘 알려져 있듯 그 이후 수년 동안에도, 유아적 성의 단계 — 즉 자위적 만족의 단계 — 는 자위가 유일하게 이용 가능한 성적 활동 형태로 남아있는 한 지속된다. 이는 사회적 조건들에 의해 초래된 유년기의 인위적 연장이다. 그러나 이제 주변 부위들Nebenzonen에서의 성의 만족은 최소한으로 제한된다. 지금까지 거의 아무 거리낌 없이 허용되던 성적 흥분의 배출 방식들 — 입맞춤, 포옹, 상대에게 몸을 밀착하고 응석 부리기 등 — 은 사춘기에 이르러 전반적인 억제를 경험하게 된다. 한편으로는 사춘기 아이의 애정 표현을 절반쯤은 성적으로 의심스러운 것이라고 의식해 억제하는 환경의 측면에서, 다른 한편으로는 이전에 '무고한'

애정 행위 속에서 경험되던 성적 흥분을 더 이상 감내할 수 없게 되고, 그 사이 내면화된 '도덕적 명령'의 압력 아래 자신의 속내를 드러낼 모든 공격성과 거리를 취하게 되는 사춘기 당사자 자신의 측면에서 발생하는 억제다.

자위의 효과

자위의 효과는 여러 방향에서 고찰될 수 있으나, 이를 서로 분리하여 일관되게 분석하는 것은 불가능할 것이다. 다음의 주요 항목들이 이러한 고찰의 기준으로 제시될 것이다.

I.

1. 자위를 끊으려는 투쟁 Abgewöhnungskampfes 의 효과들
2. 자위행위의 효과들

II.

1. 사위의 신체적 효과들
2. 자위의 심리적·사회적 효과들

I-1. 자위를 끊으려는 투쟁

자위를 끊으려는 투쟁은 발달의 두 단계에서 확인될 수 있다. 첫 번째는 잠복기로의 '이행이고 두 번째는 사춘기이다. 이 두 국면에서 우리는 자위를 끊기 위한 두 가지 상이한 원리가 서로 경쟁하는 것을 관찰하게 된다. 하나는 생물학적 원리이고, 다른 하나는 교육학적 원리이다. 잠복기에 작동하는 생물학적 계기는, 개인의 사회화를 목적으로 한 성의 부분적 차단이 발달사적으로 필수적임을 시사한다. 실제로 우리는 잠복기 동안 성적 쾌락을 포기하려 하지 않는 아이들이 교육하기 어렵고, 완고하며, 변덕스러운 경향을 보인다는 사실을 관찰한다. 그들이 자신의 성적 정동을 사회적 규제로부터 이탈시킬수록, 사회적 환경에 대한 그들의 적응은 그만큼 더 실패하게 된다. 잠복기는 자아의 사회적 편입을 준비할 뿐 아니라, 특정한 문화 단계에 적합한 성의 활용을 준비하는 시기일지도 모른다. 여기서 교육은 자체적으로 하나의 발달사적 계기를 실현한다. 왜냐하면 이 시기에 아동은 스스로 충족해야 할 사회적 요구들을 환경에 제기하기 시작하고, 동시에 자아의 관점에서 성적 대상들을 평가하기 시작하기 때문이다. 이러한 발달 과정을 통해 인간은 이후에도 — 비록 예외가 없지는 않지만 — 성적 대상에게 사회적 관점에서 최종적인 짝으로서의 가치를 부여하게 된다.

사춘기에 제기되는 자위 금욕 요구의 생물학적 계기는, 종족 보존에 기여하는 대상 선택의 필연성이다. 그런데 이 계기는 교육학적 원리에 의해, 생물학적으로는 완전히 적합하지 않은 변형의 형태로 대변된다. 문화가 자위 금욕과 대상 선택의 유예를 동시에 요구하기 때문이다. 사춘기 소년은 유아적 성행위, 곧 자위를 포기함으로써 '남자'가 되어야 한다. 그러나 동시에 아직 '남자'가 되어서는 안 되는데, 왜냐하면 그는 아직 성적 대상을 선택해서는 안 되기 때문이다. 우리 시대는 이러한 금욕에 대한 보상을 제공하지 않는다. 오히려 금지의 위반에 대한 처벌만을 준비해 둔 채, 사춘기 소년이 성 충동의 충족 욕망에서 벗어나도록 욕망을 정신적으로 가공함으로써 그를 다른 방향으로 이끌고자 애쓴다.

그러나 충동은 통찰을 지니지 않으며 미래의 계획에 응하지 않기 때문에, 개인은 처벌에 대한 두려움과 자위의 해로운 결과에 대한 공포라는 이유를 스스로 구성함으로써 금욕과 기다림을 가능하게 만들어야 한다. 개인은 금욕 요구를 '합리화razionalisieren'해야 하며, 자신의 욕망 대상들을 인위적으로 집는 불가능하게 만들어야 한다. 이는 성적 대상의 과대평가를 매개로 이루어진다(프로이트). 이러한 인위적 과대평가는 사춘기 소년이 처음으로 — 의식적이든 무의식적이든 — 선택하게 될 사랑 대상들의 성질에서 가장 강력한 동인을 갖는다.

이 대상들은 근친상간 금지로 특징지어지는 대상들이다. 사춘기 소년이 무엇보다도 이 대상들로 되돌아가는 이유는, 그에게는 낯선 성적 대상들을 선택하는 것 ― 곧 유아기에 선택된 대상들로부터 벗어나는 것 ― 이 금지되어 있기 때문이다. 그는 유아적 사랑 가치를 다시금 옛 권리 속으로 복권시키며, 아이로 남아 있으라는 명령에 복종한다. 이 가치들은 어차피 무의식 속에 그대로 남아 있다. 그 효과를 무력화하는 유일한 방법은 그것들을 다른 대상들로 대체하여, 거기 묶여 있던 리비도를 다른 대상들로 '전이'하는 것뿐이다.

부모와 형제자매가 '성스러운 인물'로 선언되지 않는다면, 그들은 사춘기 소년의 리비도적 공격으로부터 안전하지 않다. 근친 인물들에게 부여되던 과대평가의 성질과 나아가 도달 불가능성의 성질은 다른 성적 대상들에게 전이된다. 사춘기 소년은 모든 방향에서 자신의 공격성을 마비시킨다. 이것이 바로 서정시의 탄생이다. 그 내용은 충족이 아니라 동경Sehnsucht이며, 이는 서정 시인의 실제 리비도 상태에 정확히 부합한다.

그러나 이렇게 합리화된 동경razionalisierte Sehnsucht만으로는 자위를 통한 성 활동을 불필요하게 만들기에 충분하지 않다. 대부분의 개인에게서는 시기의 차이는 있으나 자위를 제대로 억제하지 못한다는 걸 보여주는 증상들이 나타난다. 눈이 충혈되거나 퀭한haloniert 얼굴, 불안감, 산만함, 죄책감 등은 대중적으로도 자위자를 드러내는 징표로 여겨진다.

이러한 증상 복합체는 대개 몇 년 동안만 두드러질 뿐, 성인기까지 지속되지 않는다는 점은 분명하다. 자위로 인한 지속적인 손상 역시 특정한 전제하에서만 나타난다는 것이 확실하다.

II-1. 자위의 신체적 효과들

자위의 신체적 효과에서 결정적인 것은 결국 양적인 문제인 듯하다. 대부분의 저자들에 따르면, 적당한 자위는 무해하거나 심지어 유익하기까지 하다. 반면 과도한 자위는 '손상된 자위자 geschädigter Masturbanten'라는 이미지에 상응하는 독성 증상들을 산출한다. 또한 과도한 자위 이후 빈번히 나타나는 유정遺精, pollution[3]은 분비계와 신경계의 유기적 약화에서 비롯될 가능성이 크며, 이 경로를 통해 극단적인 경우 이른바 물리적 발기 부전에 이르게 될 개연성도 있다. 그러나 나의 견해로는, 우리 문화권에서는 자위에 기인한 순수한 독성 신경증toxische Neurose — 곧 프로이트가 명명한 현실 신경증Aktualneurose — 이 그 자

3. [옮긴이] 의지와 무관하게 정액이 배출되는 현상이다. 수면 중에 일어나는 경우를 몽정(夢精, nocturnal emission)이라 하며, 여기서 'pollution'은 라틴어 pollutio에서 온 독일어권 의학 용어로, 도덕적 '오염'이라는 함의 없이 비자발적 사정을 가리키는 임상 개념이다.

체로 관찰되기는 어렵다. 이를 고립된 형태로 연구하려면, 자위가 과도하게 행해지면서도 동시에 도덕법의 측면에서 비롯되는 심인성 장애들이 자위의 순수한 독성 효과를 복잡하게 만들지 않는, 완전히 비문화적인 환경을 가정해야 할 것이다. 이와 관련하여 흑인 지역들Negerländer에서 이루어진 일부 관찰 자료가 존재하는데, 이에 따르면 수년에 걸쳐 극단적 과잉 상태로 지속된 자위가 인지 기능 둔화를 초래하는 것으로 보고된다.

II-2. 자위의 심리적 효과들

심리적 측면에서 자위의 효과는 부분적으로는 자위행위 자체에, 부분적으로는 자위를 끊으려는 투쟁에 귀속되어야 할 것이다.

자위의 효과들 가운데 병인론적·증상학적으로 가장 두드러진 요인은 불안Angst이다.

1) 불안

불안은 성적 흥분이 양적으로 충분하지 않거나 질적으로 적절하게 해소되지 못할 때 발생한다(프로이트). 두 경우 모두 사용되지 않은 흥분 잔여량Erregungsbetrag이 남게 되어 이것이 불안으로 표출되거나 불안으로 전환되거나, 불안을 산출한다.

사용되지 않은 리비도에서 불안이 발생한다는 이 공식이 정확히 어떤 방식으로 성립하는지는 여기서 결정할 수 없다. 다만 사실로서 말할 수 있는 것은, 대부분의 사람들이 불완전한 성적 만족이나 지나치게 리비도가 고양된 상태에서 요구되는 금욕에 대해 불안으로 반응한다는 것이다. 아동기에 자위 금욕의 결과로 나타나는 불안은 자위의 고유한 특이성Spezifikum으로 간주할 수는 없다. 자위는 아동기에 적합한 성적 활동 형태이기 때문이다. 자위에서 기인하는 특수한 불안의 병인은, 적합한 성적 활동과 자위적 성적 활동이 서로 분리되는 단계에 이르러서야 관찰될 수 있다.

과잉 상태에 있으며 처리되지 않은 흥분량이 불안 발생의 원인이라고 경험적으로 가정한다면, 사춘기와 그 이후 연령에서 자위가 완전한 성적 만족을 제공할 수 있는가라는 질문이 제기된다. 이 문제는 다음의 조건에 달려 있다. 즉, 리비도가 어느 정도까지나 대상 선택으로 나아갔는지, 그리고 특정한 경우에 형성된 도착이 자위를 통해 어느 정도나 충족되는지에 달려 있다.

자위를 행하는 시점의 리비도 발달 단계와 실제로 가능한 성적 만족 방식 사이의 간극이 지나치게 클 경우, 개인은 충분한 결단성을 가지고 외부 대상과의 성교를 요구하더라도 여전히 자기 신체라는 대상에 의존하게 된다. 이때 자위로부터는 완전한 성적 만족을 기대할 수 없으며, 그 결과 불안은 자위에 대한 자연적 반응으로 나타나게 될 것이다.

그러나 사춘기에도 리비도가 여전히 유아적 단계에 머물러 있고, 사춘기 시기의 개인이 심리적으로 아직 자기 성애적 상태에 있다면, 자위는 성의 적합한 활동 형태가 되어 리비도적 흥분의 완전한 배출을 허용하며 불안은 발생하지 않을 것이다. 다만 이 경우에도 두 가지 중요한 예외가 존재한다. 첫째, 사춘기 이후에도 심리적 유아성이 유지된 상태에서는 자위가 여전히 적절한 만족 수단일 수 있으나, 특정한 경우에는 실패할 수 있다. 즉, 유기체가 과도한 남용으로 인해 과자극되고, 그 결과 독성적인 현실 신경증Aktualneurose이 발생하는 경우이다. 둘째, 자위를 동반하는 판타지가 판타지의 작용으로 대체될 수 없는 도착과 결합되어 있는 경우이다(예: 후각 환각 능력이 없는 후각 도착).

자위가 리비도의 특정한 발달 단계와 결합할 경우, 자위의 유해성이 발현될 수 있는 다음과 같은 가능성들이 도출된다.

2) 죄의식Schuldbewusstsein

불안은 처음에는 불확실성과 갑갑함이 부유하는 감정으로 나타나지만 합리화된다. 다시 말해 불안은 판단하는 의식 앞에 서 불안을 유발하는 의미를 지니는 하나의 표상에 결박된다.

처벌 콤플렉스에서 유래하는 이 표상은 아동기 초기의 경험들, 곧 아동의 가학적 충동 표출에 의해 규정되었던 체험들과 직접적인 연관을 맺고 있다. 이처럼 표상에 결박된 불안이 바로 죄책감Schuldgefühl이다. 죄책감의 내용은 내가 수행한 분석들에서 일련의 정형구들로 분해될 수 있다. 이 정형구들에서는 의식적 진술이 점차적으로 괄호 속의 무의식적 내용으로 대체될 수 있다.

"나는 죄책감을 느낀다, 내가 고귀한 것을 더럽혔기 때문이다(자위적 판타지 속에서 근친상간을 행했거나 성적 판타지를 통해 여성의 신성함Heiligkeit des Weibes을 격하했기 때문이다)."

"나는 죄책감을 느낀다, 내가 너무 나약하고 늘 유혹에 굴복하기 때문이다(나는 훗날 여성들 앞에서 위축될 것이며, 여성들은 나를 경멸할 것이기 때문이다. 그들은 나에게 말할 것이다. '우리가 기대했던 너의 남성적 힘은 어디 있느냐'라고)."

"나는 죄책감을 느낀다, 그러나 그 이유는 알 수 없다. 나는 죄인이다(나는 근친상간 금지를 어긴 데 대한 처벌을 기다리고 있다)."

"나는 항상 죄책감을 느껴왔다, 심지어 아이였을 때조차도(하지만 내가 나쁜 짓을 했거나, 부모에 맞서는 나쁜 소원을 상상했을phantasiert 때만 그랬다. 나는 늘 누군가가 내 생각을 읽고 나를 처벌할 수 있을 것이라는 불안을 느꼈다. 그러한 나쁜 판타지를 자주 품었었기 때문에 나는 항상 처벌에 대한 공포를 느꼈다. 나는 종종 그 이유를 알지 못했는데 나의 판타지들을 줄곧 다시 망각했기 때문이다).”

“나는 어머니 앞에서 죄책감을 느낀다(나는 아버지를 능가하고 싶었고, 그를 어머니로부터 밀어내고 싶었다. 그러나 이제 승자는 아버지다. 내가 남자가 아니라 소년일 뿐이며 내 어머니는 온전한 남자만을 존중하기 때문이다).”

“나는 아버지 앞에서 죄책감을 느낀다(나는 항상 아버지와 같아지고 싶었다. 아버지도 늘 나에게 그것을 기대했다. 나는 그의 기대를 저버리게 될 것이며 가족 안에서 그의 자리를 계승하지 못할 것이다).”

이 정형구들에서 도출되는 죄책감의 내용은 아동기에서 기원하는 것으로 자위를 계기로 삼아 관철된 것이다. 이는 자위가 앞서 언급한 아동기의 위반들과 마찬가지로, 허용되지 않은 저항과 높은 가치들의 자기중심적 악용을 표상하기 때문이다. 죄의식의 내용은 무의식적 요구에 대한 실제적인 죄이다. 이 요구는 처음에는 가장 이른 유년기에 부모에 의해 제기된 것이었다. 이후 아동이 자신과 부모를 동일시함에 따라, 부모의 요구는 아동 자신의 요구가 된다. 그러나 이 요구는 아동에게 의식적인 요구로서 경험되지 않고 무의식화된 부모의 요구에 부응하고자 하는 소원의 형태로 작용한다. 이 요구는 자아의 사회화가 이루어진 후에는 '이상적 요구들' — 곧 하나의 이념에 귀속된다. 이 이념은 개인적 특질을 벗은 채 무의식에서 힘을 발휘하는 아버지에 다름 아니다. 반면 무의식에서 작동하는 어머니는 '이상적 사랑'으로 대체된다. 또한 오래된 처벌의 계기 역시 모습을 드러내는데, 이는 허용되지 않은 쾌락에 대해 해로운 결과를 동반하는 위협의 형태로 작용한다. 그러나 강조되어야 할 점은 내가 죄책감을 발견한 경우는 오직 자위가 충분한 만족을 제공하지 못해 불안이 발생했을 때뿐이라는 사실이다. 반대로 자위가 완전한 쾌락을 제공한 경우에는 그와 결부된 어떠한 죄책감도 관찰되지 않았다.

3) 대상 선택에서의 손상

자위의 본질에는 자위자가 쾌락의 전량을 자신의 신체에서 끌어내며, 동시에 자기 신체를 성적 욕망의 대상으로 삼는다는 점이 포함된다. 자위는 자기 성애적 성의 한 형태나. 자위는 성 충동의 사회화라는 요구가 아직 제기되지 않은 한에서는 정상적이고 시기에 적합한 유아적 성이다. 성의 사회화에 대한 요구는 개인에게 두 방향 — 내부로부터와 외부로부터 — 에서 다가온다. 내부로부터의 요구는 성별이 분화된 개체들로 이루어진 동물종의 요청으로 나타난다. 종은 자기 보존이라는 이해관계에서 개별 개체들이 성적 욕구를 자기 신체에서가 아니라 짝으로서의 성을 지닌 다른 개체와의 관계에서 번식을 목적으로 한 성교로 충족시키기를 요구한다. 외부로부터 오는 요구는 자기 성애적 만족을 금지함으로써 성 충동의 사회화를 향한다. 이 과정을 통해 개인은, 타인이 자신의 성 활동sexuelle Betätigung에 대한 요구를 갖고 있다는 점, 자신의 성 활동이 타인에 대한 책임을 수반한다는 점, 그리고 성적 쾌락을 순전히 개인적이고 이기적인 향유로 행사할 권리가 없다는 점에 대한 무의식적 앎을 획득하게 된다.

대상 선택은 자위로 인해 지연되거나, 경우에 따라서는 아예 봉쇄될 수도 있다. 이러한 지연은 처음에는 문화적 요구의 이익에 부합하지만, 이는 일정 시점까지만 그러하다. 이 시점 은 물론 상대적으로만 규정될 수 있지만, 대부분의 경우 대략 스무 살 전후에 해당한다. 그 이후까지 대상 선택이 지연되는 경우는 비정상적 현상으로 평가되어야 한다. 대상 선택이 지연 되는 데 동시에 또는 교대로 작용하는 계기들은 다음과 같다.

자위가 완전한 만족을 제공하는 경우 자위는 유아성die Infantilität을 보존하고, 영속화하며 고착시킨다. 이 경우 개인은 성적 대상을 둘러싼 투쟁에 나설 아무런 이유가 없다. 모든 쾌락의 원천을 편리하게 자기 자신 안에서 발견하기 때문이다.

그는 모든 것을 자기 자신과 함께 지닌다*Omnia sua secum portat*.

이후 자아로부터 개인Individuum에게 대상 선택의 요구가 제기될 때, 편안함Bequemlichkeit과 무욕無慾, Bedürfnislosigkeit 속에서 충분히 단련되지 못한 공격성은 대상 획득에 필요한 구애의 요구를 감당하기에 불충분할 정도로 약화될 수 있다.

대상을 획득할 만큼의 공격성이 충분히 존재하고, 환경의 다양한 지원을 받아 실제로 대상을 얻는 데 성공한다 하더라도, 리비도가 여전히 자기 자신의 신체에 달라붙어 있는 경우가 있다. 이 경우 외부의 성적 대상은 자위자가 자기 신체에서 얻어 왔던 쾌락을 산출하지 못하게 되며 자위자는 자신의 자위를 온전한 가치를 지니는 성교와 비교하며, 성교와 자위를 같은 것으로 간주한다.

자위적 판타지는 대상 선택을 억제하는 데 결정적인 역할을 한다. 무엇보다 그 판타지 표상들의 완전성에 비추어 볼 때, 모든 현실은 자위의 불충분하고 열등한 대체물로 나타날 수밖에 없다. 즉, 판타지가 자위자를 현실로부터 차단한다. 대상과 실제로 마주했을 때 그는, 자신의 리비도가 판타지와의 결합에 익숙해져 있기 때문에, 신체성이 지니는 불가피한 결함들에 대해 관대하지 못하게 된다. 게다가 판타지는 자위자에게 도착적 표상들을 제공하고, 이러한 표상들이 유아적 도착 정동Perversionsaffekte을 활성화한다. 그 결과, 적시에 이루어진 정상적인 성적 활동이 있었다면 충분히 억제되었을 도착이 자위를 통해 고착될 수 있다. 이렇게 되면 자위는 신경증으로 향하는 다리가 된다.

자위는, 동성애를 이성애에 종속시키라는 문화의 종種 차원에서의 요구를 붕괴시킨다. 자위가 판타지의 도움을 통해 이성적 구성 요소 각각을 자립적인 것으로 배양시키기 때문이다. 이 과정에서 자신의 성기에 실재하는 활동 기반을 갖는 동성애가 무의식적으로 비대화 된다. 점차 자신의 성기에 대한 과도한 관심이 형성되는데, 내가 관찰한 사례들에서는 성기가 완전히 인격화되어 마치 자립적인 인격처럼 취급되는 데까지 이르는 경우가 있었다. 어떤 자위자들은 자신의 성기와 대화를 나누고, 그것을 '사랑스러운 작은 아이', '사랑하는 아들' 혹은 '사랑하는 친구'라고 부르며, 그 충실함과 관대함 등에 감사를 표하기도 한다. 많은 경우에서 자신의 성기와 완전히 사랑에 빠진 상태도 발견된다. 이처럼 강렬한 유아적 태도가 성기를 과시하는 노출증으로 이어진다는 점은 더 이상 놀라운 일이 아니다. 마찬가지로 이러한 과시자는 동일한 성의 타인의 성기도 보려는 경향을 갖는다. 이는 한편으로는 자기 성기를 타인에게 과시함으로써 만족을 얻기 위해서이며, 다른 한편으로는 자신이 혹시 불충분한 성기를 가지고 있을지 모른다는 불안이 근거 없는 것임을 확인하기 위해서이다. 이러한 경우들에서 자위는 성 충동의 노출적·관음적 구성 요소들의 도움을 받아 나르시시즘을 최대의 강도로 배양한 결과다. 이와 같은 아동 발달 단계의 후기 형태가, 인간에게 객관적 세계에 대한 온전하고 사심 없는 존중selbstlose Würdigung이 요구되는 시점에 나타날 경우, 자위자는 자아의 측면에서도, 그의 태도에 있어서도 인간 사회에 부적합한 상태에 놓이게 된다. 나르시시즘은 가학성Sadismus을 풀어놓는다. 자기 자신과 사랑에 빠진 자는 잔혹해지는데, 이는 타인의 고통이 그의 자의식을 고양시키고 허영심을 충족시키기 때문이다.

그러나 사춘기 시기 자위에서 기원한 나르시시즘은 결코 순수한 산물은 아니다. 우리가 잊지 말아야 할 것은, 여기서 우리가 마주하는 것이 유사 유아성Pseudoinfantilität이며, 자기 자신에 대한 무비판적 태도가 그사이 학교 교육과 환경의 다양한 사례들을 통해 적어도 부분적으로는 비판적 태도로 전환되어 왔다는 점이다. 우리는 자기성애자의 비판에서 자유로운 이 부분에서 사춘기 이후기의 자위하는 나르키소스를 발견하게 된다. 그는 깊은 내면에서 자기 불신과 후회, 자기 비난으로 가득 차 있다. 손상된 자위자에 대한 치료는 여기에서 시작되어야 한다.

자위가 리비도 활동에서 배타적인 주의를 성기 자체에 집중시키는 상황은, 자위자의 이후 사랑 생활에도 불행한 결과를 초래할 수 있다. 나는 자위자들에게서 종종, 자신의 성적 활동 형태는 단지 임시방편Provisorium일 뿐이며 성교Koitus를 통해 치유될 것이라고 믿는다는 말을 들었다. 그러나 분석해 보면, 그들이 염두에 둔 치유란 그저 여성의 성기를 획득하는 데 국한되어 있음이 드러났다. 다시 말해 그들의 감각과 관심은 여성이라는 인격적 전체가 아니라 여성의 성기 획득을 향해 있었고, 그 결과 성기가 차지하는 이 중심적 지위가 이후 자위자의 사랑 생활을 규정하는 운명이 된다는 것이다. 자위자는 성기를 지배적 위치에 올려놓는 대신, 전체로서의 여성과의 관계를 상실한다. 일부는 억압되고, 일부는 자기 성애적 혹은 동성애적 판타지에 고착된 이 도착적 요소들은, 이성애적 파트너와의 관계에서는 더 이상 사용될 수 없다. 그것들은 전희前戲 속으로 등장할 수도 없고, 쾌락을 담지하는 본래의 역할을 수행하지도 못하며, 그에 귀속된 흥분의 양을 성행위의 완성으로 전달하지도 못한다. 자위자는 기다림을 견디지 못하고 최종 목표만을 갈망한다. 그에게 성교로 향하는 길은 쾌락 없는 탐욕에 불과하기 때문이다. 그 결과가 바로 자위적 성교다. 이는 여성의 신성함Herrlichkeit에 대한 모든 환상Illusionen을 박탈한다. 해소되지 않은 성적 흥분의 잔여는 불안, 죄의식, 우울, 즉 성교 이후의 우울tristitia post coitum을 산출한다. 자위자는 이전보다 더 빈곤해진 상태로 여성을 떠나며, 나아가 개선의 희망을 포기하는 경우 다시 자위로 돌아간다. 여성의 성기를 획득하려는 이러한 중독, 그리고 전체로서의 여성과 관계 맺는 능력의 결여는 자위자를 매우 이른 시점에 매춘으로 몰아넣는다.

여성에 대한 합리화된 실망razionalisierte Enttäuschung은 냉소주의로 표현될 수 있다. 여성을 자위자처럼 사용하는 자위자, 곧 여성 전체를 성기로만 간주하는 자는— 사랑을 위해 자신이 가진 것이 오직 자신의 성기뿐이며 그것의 지배적 위상을 스스로 길러왔던 그는— 사랑을 착각이자 꾸며낸 허위로 규정할 수밖에 없다. 파트너가 더 이상 그가 스스로에게 제공할 수 있던 것 이상의 무언가를 제공하지 못하면, 그는 성관계를 어떤 높은 이념에도 봉사하지 않는 개인적 향유에 불과한 것이라고 선언한다. 이와 함께 성의 사회적 가치 평가는 붕괴하고, 여성은 식욕 충동을 충족시키는 수단과 다르지 않은 쾌락의 대상으로 전락한다. 개인적 감정을 사회적이고 승화된 가치들의 결합으로부터 철수시키는 것, 이것이 바로 냉소주의의 본질이다. 사랑이 그에게는 그저 자기 충족의 수단일 뿐이기에 사랑을 경멸하는 이 남자는, 역설적으로 그러한 태도를 통해 자신이 무의식 속에서 여전히 사회적 가치를 존중하고 있음을 드러낸다. 다시 말해 냉소주의란, 충동적 요소들을 파트너와의 관계 속에서 더 높은 종합으로 끌어내지 못하는 무능력의 증상일 뿐이다. 이 현상의 반대급부로, 우리는 자위를 흔히

"바보 같은 짓"이라 부르는 말을 듣곤 한다. 실제로 타인과 기쁨을 나눌 수 있음에도 불구하고, 자위는 오직 자위자 본인 외에는 누구에게도 기쁨을 주지 못하기 때문이다.

자위는 인간 사회 결속을 저해하는 세 가지 중요한 파괴적 요소Destruktionsfaktoren를 방출한다. 자위는 자기 성애의 고착과 자기 존중의 손상을 통해 남성의 구애 능력Werbekraft을 약화시킨다. 자위는 심리적 유아성을 지속시킴으로써 공적인 삶과 가정에서 남성의 주권적 위치를 잠식한다. 너무 이르고 빈번하게 행해진 자위의 생리적 결과로 초래된 성적 능력의 손상, 결과적으로 성적 도착의 종합 과정Perversionssynthese이 손상됨으로써 사랑 생활이 빈곤해지고 여성에게 근원적인 실망을 초래한다. 우리는 여성 해방의 성립 과정에서 남성의 자위가 하나의 중요한 요인으로 작용했을 개연성이 상당하다고 말할 수 있다.

이제 마지막으로, 어떤 조건하에서 자위가 지속적으로 유해한 영향을 미치는가라는 질문이 남아 있다. 자위로 인한 손상의 발생과 그 정도가, 상대적으로 저항력이 약한 개인의 체질적 요소에서 일정 부분 기인한다는 점은 분명하다.

이러한 체질적 요소는 전제되어야 하며 자위로 인한 손상의 병인론Ätiologie에 포함되어야 한다. 다만, 손상이 발생하는 과정에서 체질의 특수한 유형이나 영향의 범위를 정확히 규정하는 것은 불가능하다. 나아가 우리는 자위에 대해서도 체질의 강약은 그 체질에 가해지는 요구의 크기에 비례하는 상대적 개념이라는 경험적 원리에서 벗어날 이유가 없다. 체질은 환경의 요구가 개인의 수행 능력을 초과할 경우, 쾌적한 고양감Euphorie을 유지하기에 불충분해진다. 이러한 상대적 불충분성을 토대로 개인은 과도한 요구에 적응하려 시도하지만, 그 적응 투쟁에 실패할 경우 질병이 발생한다. 질병은 실패한 적응의 증상인 것이다.

따라서 우리는 자위로 인한 손상의 발생 조건을 개인의 환경 조건에서 찾아야 한다. 여기 제시된 견해들이 도출된 18개의 사례가 모두 일정한 방향에서 동일한 환경 구성Milieu-konstellation을 보여준다는 사실은 결코 우연으로 간주하기 어렵다. 문제 되는 가정들의 양육 방식은 아이들이 성의 본질과 의미를 진지하게 통찰하지 못하도록 차단하는 경향을 띠고 있었다. 특히 이 가정의 아버지들은 고상한 체하며 성과 관련된 어떤 표현에도 과도하게 예민했고, 권위적이며 가부장적 위엄을 지키는 데 각별한 신경을 썼다는 점이 두드러진다. 그들은 자신이 아이들에게 범접할 수 없는 완벽한 인물로 비추어지는 것이 원칙주의적으로 필요하다고 여겼다. 무엇보다 이들 가정의 교육 방식은 성인의 성에 대해 아이들을 기만하려는 의도를 분명히 내포하고 있었다.

자위로 인한 손상 발생에 결정적인 요인이, 자위가 행해지는 시기의 성 발달 단계와 자아 발달 사이의 관계라는 우리의 주장을 참조한다면, 위와 같은 환경에서 성을 인위적으로 유아적 단계에 머무르게 하는 요인을 발견할 수 있다. 이러한 환경에서 사춘기에 들어서면서 행해지는 자위는 유아적 근친상간 판타지와 결합하게 된다.

그 사이 자아는 대체로 아이의 연령에 상응하여 사회적 관계를 조절하기에 충분한 수준까지 발달한다. 그럼에도 불구하고 자아는 성을 사회적 이미지 속에 배치하는 데는 역부족을 느끼게 되는데, 자아에게 허용된 성이 사회적으로 무용한 유아적 성에 머물러 있기 때문이다. 이 퇴행적 성이 적절한 성숙 단계로 이행되기 위해서는 무엇보다 자아에 의해 그 존재의 정당성을 부여받아야 한다.

그러나 근친상간 판타지가 무의식적인 경우, 자아는 성에 대해 규제적 입장을 가질 수 없다. 반대로 근친상간 판타지가 의식화될 경우, 정상적인 발달 과정을 거친 자아는 이를 평가절하할 수 있다. 사춘기 청소년은 근친 간의 장벽을 넘을 수 없음을 인지하며, 그러한 판타지가 실현 불가능하다는 사실을 알고 있기 때문이다. 이와 동시에 근친상간적 욕망을 포기해야 할 필요성이 발생하면, 대상 없는 상태로 머물 수 없는 리비도는 다른 대상들로 전이된다. 이 과정에서 자기 충족 행위[자위] 또한 포기될 수 있다. 청소년은 비록 막연한 미래일지라도 새로운 사랑 대상을 획득할 기회를 가지게 되며, 실제적인 대상 사랑을 위해 자신을 아껴두기sich aufsparen 때문이다. 개인이 사랑에 빠지면 대부분 자위를 중단한다는 점은 널리 알려진 사실이다. 따라서 근친상간 판타지가 의식화되고, 더 확실하게는 대상 선택이 이루어진다면 자위는 포기될 것이라고 기대할 수 있다. 그러나 그럼에도 불구하고 자위가 지속되는 병리적인 경우 그 지속Perseveration을 통해 앞서 묘사된 손상들이 발생하게 된다.

나는 이러한 경우들에서 자위가 아버지에 대한 무의식적 반항의 표현임을 발견했다. 여기서 자위는 자아와 성 사이의 타협이며, 그 타협은 이렇게 공식화될 수 있다.

"아버지는 내가 아이로 남아 있기를 원한다. 그래서 나는 나의 유아적 성을 유지함으로써 아이로 남는다. 그러나 아버지는 내게 유아성을 강요함으로써 부당한 일을 저지르고 있다. 나는 이에 대항하는 수단으로 자위를 행한다. 만약 이 행위가 내게 해롭다면 그 책임은 전적으로 아버지에게 있을 것이다."

이 주장을 뒷받침하는 근거로 내가 제시할 수 있는 것은 아버지에 대한 무의식적 가학성이 드러나고 해소되는 즉시 자위가 중단되었다는 사실이다. 또한 나는 개인이 권위적인 사회적 환경에 맞서 다시 유아적이고 수동적인 역할로 후퇴할 때, 수년간 중단되었던 자위가 재발하는 경우도 관찰했다. 분석을 통해 드러난 바에 따르면, 이러한 수동성은 그 개인이 아버지 앞에서 느꼈던 무력감의 성질을 그대로 지니고 있었다. 즉, 현재 그를 압박하는 강제적인 상황은 아버지가 소년에게 관철시키려 했던 억압적 경향과 동일한 성격을 띠고 있었다.

아이들을 불안과 복종 속에 붙잡아 두고, 성의 본질과 의미에 대해 왜곡된 표상을 주입하며, 아이의 천진한 성적 표현을 — 단순한 완고함만으로는 정당화될 수 없을 만큼 — 격렬하게 배척하는 환경, 바로 이러한 환경이야말로 내가 여기서 묘사한 18건의 사례 모두에서 공통적으로 발견된 것이다.

이러한 환경은 인위적인 유아성을 배양하며, 아이를 무력하고 속수무책인 상태로 사춘기의 리비도적 격랑 앞에 내던진다. 교육에 의해 인위적으로 조성된 이 어스름 속에서, 결코 벗어날 수 없는 금지된 것에 대한 판타지와 비밀스러운 쾌락이 자라난다. 외부 세계의 교정적이고 규제적인 힘들과의 소통은 소위 '도덕상의 이유'로 차단된다.

이러한 환경의 압력에 맞선 반항이 가학적 요소들을 강화시키지만, 결국 그것은 청소년 자신에게로 되돌아올 뿐이다. 모든 힘을 박탈당한 상태에서 그는 자신의 리비도를 자기 신체에 쏟아붓는 것 외에 달리 무엇을 할 수 있겠는가! 그것이

올바른 길이 아닐지라도, 더 이상 자기 자신으로부터 벗어날 수 없고, 배운 적 없는 탈출로조차 찾지 못한다면, 도덕적으로 엄격하고 결점 없으며, 무성적인無性的, geschlechtslosen 교육자는 대체 무엇을 하고 있는 것인가?

옮긴이 해제

I. 빅토르 타우스크에 대해

빅토르 타우스크(1879~1919)는 정신분석학에 익숙한 사람들에게도 그리 잘 알려진 인물은 아니다. 프로이트와 동시대인으로 빈 정신분석학회에 참여했던 정신분석 1세대이지만 알프레드 아들러, 칼 구스타프 융, 오토 랑크, 멜라니 클라인 등에 비해 타우스크의 이름은 그렇게 많이 언급되지 않는다. 가장 큰 이유는 1919년 42살이 되던 해 자살로 마감된 그의 길지 않은 생애 탓일 것이다. 타우스크의 두 아들은 미출간 원고를 모두 없애 달라는 타우스크의 유언을 꽤 신실하게 수행했던 것 같다. 장남 마리우스 타우스크는 아버지를 회고하는 글에서 아버지의 미발표 원고들을 없애는 '슬픈 임무'를 동생 빅토르 위고 타우스크가 수행했다고 밝혔다.[1]

빅토르 타우스크는 1879
년 3월 12일 오스트리아–
헝가리 제국의 졸나Zsolna
(현 슬로바키아 질리나Žili-
na)에서 9남매의 장남으로
태어났다. 그의 아버지 헤
르만 타우스크는 오스트
리아–헝가리 제국이 합병
한 보스니아–헤르체고비
나 정부의 공보실 관료로,
제국 체제를 옹호하며 점
령 당국의 입장을 전파하
던 고위 관리이자 언론인

군의관 복무 중 타우스크
출처: Paul Roazen, *Freud and His Followers*, 1975.

이었다. 타우스크는 이러한 아버지와의 심각한 정치적 대립과
불화 속에서 자라났다. 그는 제국의 지배에 맞서 독립을 추구하
던 유고슬라비아 민족주의 운동을 지지하였고 제국 언어인 독일
어는 물론, 피지배 민족 언어인 세르보–크르아트어에도 능통하
였다.

타우스크는 빈에서 법학을 전공한다. 마리우스의 증언에 따르

. .

1. Marius Tausk, "Viktor Tausk as Seen by His Son," *Imago* (Winter 1973), 30.4,
   p. 334.

면 법학이 학위 취득 후 전문직을 가질 수 있는 가장 빠른 길이었기 때문이다.[2] 1900년 타우스크는 빈에서 만난 마르타 프리슈 Martha Frisch와 결혼한다. 그녀는 프로테스탄트로 개종한 유대인으로 신학자 마르틴 부버의 친척이자 사회주의적 성향을 가진 기독교인이었다. 21살의 타우스크는 이 결혼을 위해 개신교로 개종해야 했는데 당시 법규는 유대인과 기독교인의 결혼을 금지하고 있었기 때문이다. 결혼 후 타우스크는 보스니아에서 법률가로 활동하였다. 1902년에 첫째 아들 마리우스가, 1904년 둘째 아들이 태어났는데, '나폴레옹 3세 제국 권위를 받아들이길 거부'했던 소설가의 이름을 가져와 빅토르 위고로 명명했다.[3] 결혼 생활은 순탄치 않았다. 장남의 회고에 따르면, 민주적이고 사회주의적 이상을 갖고 대도시 빈에서 자란 마르타가 보스니아 생활에 적응하기 힘들어했고 타우스크 역시 부자들을 변호하는 변호사로서의 삶에 환멸을 느끼고 있었다.

1905년 타우스크 부부는 별거를 결심한다. 마르타는 두 아들과 함께 고향인 빈으로 돌아가고 타우스크는 베를린에서 언론인으로서 새로운 삶을 시작했다. 3년 뒤 둘은 법적으로 이혼한다. 물리적으로 가족과 떨어져 있고 경제적으로도 불안정한 상황에서도 타우스크는 아내와 두 아들에게 주기적으로 생활비와 편지

2. Marius Tausk, *op. cit.*, p. 326.
3. *Ibid.*, p. 327.

를 보냈던 것으로 보인다. 아들 마리우스는 이 시기 아버지가 보낸 편지에 자신의 부재에 대한 죄책감, 경제적·사회적 불안감, 가족에 대한 걱정과 그리움이 결합되어 있었다고 증언한다.[4] 마리우스는 1913년 타우스크가 발표한 논문 「아동의 성 심리학에 대해」에 등장하는 아동이 사실상 자신이었다고 전하는데,[5] 이혼 후에도 타우스크와 두 아들 사이의 교류가 지속되고 있었음을 알려준다.

타우스크가 정신분석과 만난 건 베를린에서 언론인으로 활동하던 중 겪은 심각한 신체적·정신적 붕괴 경험을 통해서였다. 1907년 폐질환과 심각한 우울증이 겹쳐 요양원에 입원한 타우스크는 우연히 프로이트의 논문을 접하고 자신의 미래를 발견한다. 자기 삶에서 심각하게 결핍되어 있던 것을 정신분석에서 발견했다고 믿은 타우스크는 곧 프로이트에게 편지를 보냈고, 편지를 읽은 프로이트가 그에게 빈으로 와 정신분석을 공부할 것을 권유한다.[6] 1908년 타우스크가 빈으로 이주함으로써 이제 본격적으로 프로이트와의 관계가 시작된다. 변호사에서 언론인으로 한 번 직업을 바꾼 바 있던 타우스크는 이제 정신분석에 매진하기 위해 의학 공부부터 시작하기로 결심한다.

· ·

4. *Ibid.*, pp. 327~329.

5. *Ibid.*

6. Paul Roazan, *Brother Animal: The Story of Freud and Tausk* (New York: Alfred A. Knopf, 1969), p. 37.

오스트리아-헝가리 제국의 식민지 출신 유대인이자, 경제적 기반도 없고 학문적 배경도 다른 타우스크에게 프로이트가 학비를 보조하면서까지 빈 대학에서의 의학 공부를 지원[7]한 이유는 그의 재능을 믿었기 때문이었을 것이다. 뒤늦게 의학 공부를 시작하며 두 번째로 직업 전환을 시도하는 타우스크에게 프로이트는, 불화로 등을 돌린 생물학적 아버지를 대신해 자신의 미래를 의탁할 만한 상징적 아버지였을 것이다. 1909년 가을 빈 정신분석학회 정식 회원이 된 타우스크는 1913년 빈 의과대학을 졸업, 정신의학Psychiatry 전공의가 된다. 그동안 그는 정신의학 클리닉 여러 곳에서 환자들을 접하며 임상 경험을 쌓는다. 타우스크의 논문들에 등장하는 사례들은 이때 수집된 것이다. 정신의학자이자 정신분석가로 막 자리를 잡아가려던 시기, 1차 세계대전이 일어난다. 이는 타우스크의 삶에 심각한 도전이자 큰 전환점이었다. 그는 1915년 오스트리아 군에 징집되어 1918년까지 북부와 발칸(마지막은 베오그라드) 전선에서 군의관으로 근무한다.

발표 논문들

정신분석가로서 타우스크가 발표한 논문들은 그의 개인적

<hr>

7. Paul Roazan, "Victor Tausk's Contribution to Psychoanalysis," *The Psychoanalytic Quarterly*, vol. 38 (1969), p. 349.

삶의 상황들과 긴밀하게 연결되어 있다. 프로이트를 통해 빈 정신분석학회와 관계를 맺은 후 1919년 자살할 때까지 약 10년 동안 타우스크는 다음과 같은 논문들을 발표했다.

여기 번역된 「자위에 대하여Über Onanie」는 그가 의과대학 재학 중인 1912년 이 테마를 중심으로 열린 빈 정신분석학회 심포지엄에 발표한 것이다. 그 해 프로이트를 포함한 14명의 기고문과 함께 묶여 출간되었다. 다음 해인 1913년 타우스크는 「보상을 통한 억압 동기의 평가 절하Entwertung des Verdrängungsmotivs durch Rekompense」를 발표한다. 어떤 생각, 이름, 기억이 불쾌나 수치와 연결되어 있는 경우에 무의식적 억압이 그를 망각하게 한다는 프로이트의 이론을 출발점으로 삼아, 그 억압의 힘을 상쇄할 쾌락적 정동이 보상Rekompense으로 작용하는 경우 망각된 것이 상기될 수 있음을 논한다. 프로이트는 이후『일상생활의 병리학』(1924)에 이 논문을 인용한다. 같은 해 타우스크는『국제 정신분석학회지Internationale Zeitschrift für Psychoanalyse』에 「아동 성의 심리학에 대해Zur Psychologie der Kindersexualität」를 발표한다. 자기 아들 마리우스를 대상으로 삼은 연구다.

프로이트도 추도사에서 지적하듯 타우스크는 철학에 관심과 재능을 가지고 있었다. 1914년 그는 철학적 이슈들을 정신분석 관점에서 논한 「철학의 정신분석과 정신분석적 철학Psychoanalysis der Philosophie und psychoanalytische Philosophie」을 발표한다. 여기서 그는 정신분석과 철학의 관계를 세 범주 — 철학자에 대한 정신분석, 철학 체계에 대한 정신분석, 정신분석적 철학 — 로 구분하고 관련 논의들을 소개한다. 이 논문 뒷부분에서 타우스크는 정신분석의 철학적 성취 중 하나가 무의식에서 작동하는 시간성 개념의 특수성이라고 짧게 언급한다.

1915년 징집되던 해 타우스크는 「알콜성 작업 섬망의 심리학에 관하여Zur Psychologie des alkoholischen Beschäftigungsdelirs」를 발표한다. 이 논문에서 그는 빈 바그너-야우렉 클리닉에서 근무하며 관찰한 임상 사례를 바탕으로, 책을 뒤적이거나 배관을 수리하거나 옷더미를 정리하는 등의 꿈이나 알콜성 섬망이 결국 사정으로 이어질 수 있는 성적 흥분을 다른 곳으로 돌려 억제하는 '도피 꿈'이라고 분석한다.

군의관으로 복무 중인 1916년 타우스크는 전쟁 관련 논문 두 편을 발표한다. 「소위 '전쟁 정신병'의 양상들에 근거한 진단적 고찰Diagnostische Erörterungen auf Grund der Zustandsbilder der sogenannten Kriegspsychosen」(이하 '전쟁 정신병')과 「탈영병의 심리학에 관하여Zur Psychologie des Deserteurs」(이하 '탈영병')이다. '전쟁 정신병' 논문은 참전 군인들이 겪는 심리적 증상을 분석하면서 그를 "정신적 나르시시즘 몰락"의 결과로 등장하는 '멜랑콜리'라고 진단한다. 리비도가 정신적 자아에서 철회됨과 동시에 기관적 나르시시즘도 손상되어 신체 기능 수행을 보장하는 기관들에도 장애를 유발한다. 폴 로젠Paul Roazen은 이 논문이 1914년 12월 30일 빈 정신분석학회 모임에서 발표되었던 사실을 지적하며 사실상 타우스크의 '멜랑콜리' 개념이 1916년 출간된 프로이트의 「애도와 멜랑콜리」보다 앞선다고 주장한다.[8]

'탈영병' 논문과 이와 관련된 타우스크의 행동은 이 늦깎이 정신분석가의 성격을 잘 보여준다. 당시 오스트리아–헝가리 제국은 언어와 문화가 다른, 제국 지배 식민지 젊은이들을 징집하여 전선에 보내면서 탈영에 대해 엄격한 군법을 적용하고 있었다. 당시 정신의학자들은 탈영병들의 정신적·심리적 고통과 외상을 인정하는 대신, 이들을 군 복무를 회피하기 위한 꾀병 환자들이라 진단하는데 의사로서의 권위를 남용하고 있었다.[9] 법정에서 피고인을 변호하는 스타일로 쓰여진 이 논문에서 타우스크는 정신의학자로서의 의학적 논증을 통해 탈영의 법적 기준을 문제 삼으며, 탈영병의 극심한 갈등과 고통의 심각성 및 진정성을 주장한다. 실제로 타우스크는 적군 포로를 사살하는 데 협조하지 않았다는 이유로 군법에 의해 처형될 위기에 있던 어린 병사 프릿츠 바이스Fritz Weiss를 위해 증언하여 그의 목숨을 구하기도 했다.[10]

『국제정신분석학회지』*Internationale Zeitschrift für Psychoanalyse*』 19 16/1917년 통합권(Vol. 4)에는 「아버지의 믿음Der Glauben der Väter」 이라는 타우스크의 짧은 글이 실린다. 프로이트의 『일상생활의

---

8. *Ibid.*, p. 351.
9. Freud, *Gesammelte Werke*, Bd. XII, pp. 316~318 참조.
10. Paul Roazen, *op. cit.*, p. 350.

정신병리학』의 아이디어에 따라 익명의 A 씨가 일상에서 겪은 '실수'의 일화를 소개하는 글이다. 유대인인 A 씨가 약혼녀와 결혼하기 위해 기독교로 개종했다고 소개하는 것으로 보아 타우스크 자신의 이야기라고 추정된다. 두 아들과 함께 시골의 한 여주인 집에 머물게 된 A 씨는 집주인이 자신이 유대인이라는 걸 모른 채 반유대주의적 발언을 쏟아내자 함께 있던 두 아들을 정원으로 내보내려 했다. 그가 말하고자 했던 건 "정원으로 가라, 애들아Junge"였으나 정작 그의 입에서 나온 말은 "정원으로 가라, 유대인들아Jude"였다.[11]

타우스크의 자살

타우스크가 의사이자 정신분석가로서의 활동을 본격화하던 시기는 루 안드레아스-살로메[12]가 프로이트의 승인으로 여성

* *

11. Katie Lally, *Toward an Emergent Psychoanalysis: Thinking Difference through the Work of Victor Tausk*, PhD dissertation, University of California, Santa Cruz (December 2024), p. 247.

12. Lou Andreas-Salomé (1861~1937): 러시아 출신의 독일 작가, 사상가, 정신분석가. 니체, 릴케와 깊은 지적·인간적 교류를 나눈 것으로 널리 알려져 있으며, 50대에 프로이트를 만나 정신분석에 입문한 후 프로이트가 가장 신뢰하는 동료가 되었다. 1912~13년 빈 정신분석학회(Wiener Psychoanalytische Vereinigung)에서 수학하며 프로이트와 교류를 시작했고, 나르시시즘과 여성 심리에 관한 독창적 이론을 발전시켰다. 니체론을 펼치는 『프리드리히 니체의 작품 속의 니체(*Friedrich Nietzsche in seinen Werken*)』(1894), 릴케와의 관계를 배경으로 한 소설 『루(*Ruth*)』(1895), 정신분석 이론서 『정신분석에 대하여(*Die Stunde ohne Gott*)』(1922), 그리고 자서전 『삶의 회고(*Lebensrück-*

으로서는 유일하게 빈 정신분석학회 토론회에 참석하기 시작했던 때(1912년 10월말)와 겹친다. 이 시기 그녀의 일기에는 프로이트를 포함한 당대 빈 정신분석가들과의 대화와 인상이 상세히 기록되어 있다.[13] 1912년 11월 26일자 일기에서 그녀는 토론회에서 타우스크가 "너무 프로이트적으로 딱 떨어지게(freudisch-exakt)"[14] 보였다고 적는다. 다음날 일기에서 살로메는 타우스크에 대한 인상을 좀 더 상세히 기록하면서 "내가 보기에 타우스크는 모든 이들 가운데 가장 무조건적으로 프로이트에게 매달려 있으면서, 동시에 가장 무조건적으로 다른 사람들 사이에서 두각을 나타내려 한다"[15]고 평가한다. 놀랄 만한 직감으로 그녀는 "아마도 이것이 양쪽[프로이트와 타우스크] 모두에게 개인적인 갈등의 씨앗이 될 수 있을 것"[16]이라 지적하는데, 이는 그로부터 7년 후의 비극으로 이어지는 중요한 궤적을 예견한 것이었다.

1919년 「조현병에서 영향 장치의 발생에 대하여」는 타우스크가 생전에 발표한 마지막 논문이 되었다. 이 논문을 발표한 지 6개월 후 1919년 7월 3일 아침, 타우스크는 커튼 줄을 목에

blick)』(1951, 유고) 등을 출간했다.
13. Lou Andreas-Salomé, *In der Schule bei Freud. Tagebuch eines Jahres 1912/1913* (Max Niehaus Verlag, 1958).
14. *Ibid.*, '1912년 11월 26일 일기,' p. 43.
15. *Ibid.*, '1912년 11월 27일 일기,' p. 45.
16. *Ibid.*

두르고 오른쪽 관자놀이에 총을 쏘는[17] 광폭한 방법으로 자살하고 만다. 그는 왜 이런 비극적 종말을 맞이하게 되었을까? 조금 길지만 프로이트의 타우스크 추도사 전반부를 먼저 읽어보자.

전쟁이 정신분석가 대열 중에서 희생을 요구한, 다행히 많지 않은 희생자들 가운데에는 고대하던 평화가 도래하기 직전 스스로 생을 마감한 비범한 재능의 빈 신경과 의사도 포함되어야 합니다. 마흔두 번째 삶의 해에 있던 타우스크 박사는 십여 년 이상 프로이트 학파의 핵심 그룹에 속해 있었습니다. 법학을 공부한 후 오랫동안 보스니아에서 판사로 일했으나, 심각한 개인적 체험들의 충격으로 그 경력을 포기하고 저널리즘으로 방향을 돌렸습니다. 저널리즘은 그의 폭넓은 교양이 잘 발휘될 수 있는 분야였습니다. 한동안 베를린에서 언론인으로 활동하다 빈에 오게 되었고, 정신분석을 접하고는 여기에 전념하기로 결심했습니다. 한 가정을 책임지던 가장인 그는 수년간 생계 활동을 중단해야 하는 직업 전환의 어려움과 희생을 두려워하지 않았습니다. 길고 고된 의학 공부는 그에게 정신분석을 본격적으로 실천하기 위한 수단에 다름 아니었습니다.

세계대전 발발 직전 타우스크는 두 번째 학위를 취득하고

17. Paul Roazen, *Freud and His Followers* (New York: Alfred A. Knopf, 1975), p. 320.

빈에서 신경 의사Nervenarzt로 터를 잡습니다. 비교적 짧은 시간에 좋은 성과를 목표로 번듯한 진료실을 막 꾸려가기에 이르렀습니다. 그러던 중 갑작스럽게 전쟁이, 야심에 찬 젊은 의사에게 충분한 만족과 안정적인 생계의 가능성을 약속하던 이 활동을 폭력적으로 그에게 떼어놓았습니다. 현역 복무를 위해 징집된 타우스크 박사는 곧이어 상급 군의관으로 승진하였고, 북부와 발칸(마지막에는 베오그라드) 지역에 걸친 전선에서 의사로서의 의무를 헌신적으로 수행하고 그에 대한 공공의 인정도 받았습니다. 특히 칭송하며 강조해야 할 사실은 전쟁 기간 타우스크 박사가 자신의 전 인격을 걸고, 유감스럽게도 많은 의사들이 묵인하거나 심지어 공모했던 남용에 맞서 소신 있게 싸웠다는 것입니다.

이렇게 양심적인 이 사람에게 수년간 그를 소모하게 한 야전 복무가 심대한 정신적 손상을 남기지 않을 수는 없었습니다. 오랜 공백 후 1918년 9월 부다페스트 정신분석학회에 분석가들이 모였을 때, 수년간 신체적 고통을 겪어온 그는 무척 과민한 상태였습니다. 그 얼마 후인 지난 가을 타우스크 박사는 군 복무를 끝내고 내적으로 소진된 상태로 빈에 귀환, 외적·내적으로 가장 불리한 상황에서 세 번째로 생계 기반을 다시 세워야 하는 힘겨운 과세와 맞닥뜨렸습니다. 게다가 성장한 두 아들을 돌보는 아버지였던 그가 새로운 결혼을 앞두고 있기도 했습니다. 냉혹한 현실이 이 고통받는 이에게 들이민 숱한 요구들을 더 이상 감당할 수 없었던 그는 결국 7월 3일 아침, 스스로 생을 끝내고 말았습니다.[18]

프로이트는 타우스크의 자살 이유를 전쟁 복무로 인한 신체적·정신적 고갈, 직업을 바꾸어 생존 기반을 마련해야 하는 현실의 요구, 성장한 두 아들을 돌보며 재혼을 앞두고 있던 부담감으로 설명한다. 실제로 전쟁 복무를 마치고 돌아온 타우스크는 지치고 황량해진 상태였고 프로이트의 지적대로 1918년 9월 부다페스트의 정신분석학회 — 여기서 그는 「판단 기능의 정신분석die Psychoanalyse der Urteilsfunktion」이란 논문을 발표하나 출간되지는 못했다 — 에서는 신체적 허약과 신경과민 증상을 보였다. 프로이트의 말대로 그는 빈에서 만난 피아니스트이자 작곡가 힐데 뢰비Hilde Loewi와의 재혼을 앞두고 있기도 했다.

그런데 프로이트의 추도사가 언급하지 않은 사정이 하나 더 있다. 그건 당시 빈 정신분석학회 조직 내에서 프로이트의 위상과 관련된 것이다.

정신분석 역사가 폴 로젠은 『프로이트와 그의 추종자들Freud and His Followers』(1975)을 통해 프로이트와 당시 정신분석학 조직의 관계를 미시적으로 파헤친다. 그에 의하면 정신분석을 '과학'이자 '운동'으로 이해했던 프로이트는 단순한 연구자가 아니라 권위적이고 카리스마적인 리더로서의 특성을 가지고 있었다. 이는 프로이트를 종교 지도자처럼 따르던 제자들, 기존 정신의학

18. Freud, *Gesammelte Werke*, Bd. XII, pp. 316~318.

과의 긴장 속에서 정신분석을 새로운 ‘학문’으로 확립해야 할
절박함, 자신의 발견과 이론이 ‘우선권priorities’을 가진다는 걸
강조해야 할 이론 창시자로서의 불안감 등이 결합해 만들어진
결과였다. 정신분석에 대한 아들러와 융의 일탈적 견해를 정통
교리에 대한 ‘이단’이자 자신의 권위에 대한 도전으로 받아들여
이들을 조직에서 축출하게 된 일은 이를 보여주는 대표적인
사례라는 것이다.[19]

폴 로젠은 타우스크의 자살이 이러한 프로이트의 성격과
무관하지 않다고 주장한다. 공격적이거나 반항적인 태도를 보이
는 인물을 꺼려하고, 독창적이고 독립적인 제자가 자기 아이디어
를 선점하는 걸 극도로 경계했던 프로이트는, 기질적으로 열정적
이고 날카로운 타우스크[20]에 대해서도 거리를 두고 있었다.
전쟁 트라우마와 신경증을 겪던 타우스크가 그에게 분석을 받고

• •

19. Paul Roazen, *op. cit.*, p.173 이하.
20. 프로이트가 타우스크에 대해 이런 인상을 가지고 있었다는 것은 추도사에서
    도 드러난다. 프로이트는 이렇게 말한다. “고인을 가까이에서 알았던 모든
    이들은, 그가 지닌 순수하고 곧은 인격, 자신과 타인에 대한 정직한 태도,
    그리고 완전한 것과 고귀한 것을 지향하는 노력이 빚어낸 고상한 품성을
    높이 평가했습니다. 그의 열정적 기질(leidenschaftliches Temperament)은 날카
    로운(scharf) — 때로는 지나치게 날카로운(überscharfer) — 비판으로 드러나
    곤 했지만, 동시에 빛나는 표현력과 서술 능력과도 결합되어 있었습니다.
    이런 개인적 특이성은 많은 이들에게 큰 매력으로 작용했지만, 어떤 이들에
    게는 그를 밀어내게 했던(abgestoßen) 계기가 되었을 수 있습니다. 하지만
    그 앞에서는 누구도, 지금 중요한 인물과 마주하고 있다는 인상을 피할
    수는 없었습니다.” Sigmund Freud, *op. cit.*

자 했을 때 프로이트는 그의 요청을 거절하고 분석 경력이 짧은 헬렌 도이치Helen Deutsch에게 위임했다. 프로이트는 그 이유를 타우스크가 자기 아이디어를 훔쳐 먼저 발전시킬 것이라는 언캐니한 감정 때문이라고 전했다.[21] 1919년 초에 시작된 헬렌 도이치와의 분석 세션은 약 3개월 만에 중단된다. 프로이트와 분석 트레이닝 중이던 도이치가 타우스크와의 분석을 감당하기 힘들어하자, 프로이트가 타우스크냐 자신이냐의 양자택일을 요구하였고 결국 도이치가 프로이트를 택함으로써 타우스크와의 분석 세션을 중단했기 때문이다.[22] 타우스크는 분석 세션이 끝난 지 3개월 만에 자살한다.

프로이트가 타우스크의 분석 요청을 거절(더 정확히는 회피)했던 이유는 무엇이었을까? 여기에는 일찍이 살로메가 예견했던 '둘 사이의 개인적 갈등의 씨앗'이 작용했음에 틀림없다. 실제로 프로이트는 1919년 7월 14일, 타우스크의 자살 후 루 안드레아–살로메에게 보낸 편지에서 타우스크에 대한 불편한 감정을 이렇게 고백한다.

"내가 그를 정말 그리워하고 있지는 않다고 고백하오. 오래

---

21. Paul Roazen, *op. cit.*, p. 318.

22. *Ibid.*, p. 320. 이 문제에 대해 아이슬러(K. R. Eissler)는 로젠과는 다른 시각을 제시한다. 헬렌 도이치가 타우스크의 분석을 맡은 건 프로이트가 아니라면 협회 내의 여성 분석가를 고집한 타우스크의 선택 때문이라는 것이다. 이에 대해선 K. R. Eissler, *Talent and Genius: The Fictitious Case of Tausk Contra Freud* (New York: Quadrangle Books, 1971), pp. 87~92.

전부터 나는 그가 미래를 위해 별 쓸모가 없으며 오히려, 미래에 대한 위협이라고 느껴왔소."[23]

II. 번역된 텍스트에 대해

「조현병에서 "영향 장치"의 기원에 대하여」(1919)

타우스크가 발표한 글 중 가장 많이 알려진 이 논문은 영향 망상, 그중에서도 기계장치에 의한 영향 망상 연구다. 무척이나 흥미로운 이 현상이 '영향 장치/영향 기계'[24]라는 개념으로 논의될 수 있게 한 것이 타우스크 논문의 핵심 기여다. 그런데 '영향 장치/영향 기계'의 사례들은 이 논문이 발표되기 이전에도 있어 왔다. 기록된 가장 유명한 사례는 제임스 틸리 매튜스James Tilly Matthews의 '공기 직조기Air Loom'로, 1810년 11월 존 해슬람John Haslam의 책 『광기의 예증Illustrations of Madness』을 통해 처음 알려졌

• •

23. "Ich gestehe, daß ich ihn nicht wirklich vermisse; ich hatte schon lange das Gefühl, daß er für keine Zukunft etwas nütze sei, ja daß er eine Bedrohung für sie bedeutete." Sigmund Freud/Lou Andreas-Salomé: *Briefwechsel*, hrsg. von Ernst Pfeiffer (Frankfurt am Main: S. Fischer Verlag, 1966), p. 103.

24. 영어권에서는 타우스크의 논문을 'influencing machine'으로 옮겼다. 그런데 환자 자신의 투사가 점차 기계의 모습으로 추상화되어 간다는 타우스크의 논지에 충실하려면 '기계'보다는 타우스크가 사용한 단어인 '장치(Apparat)'가 더 적합하다.

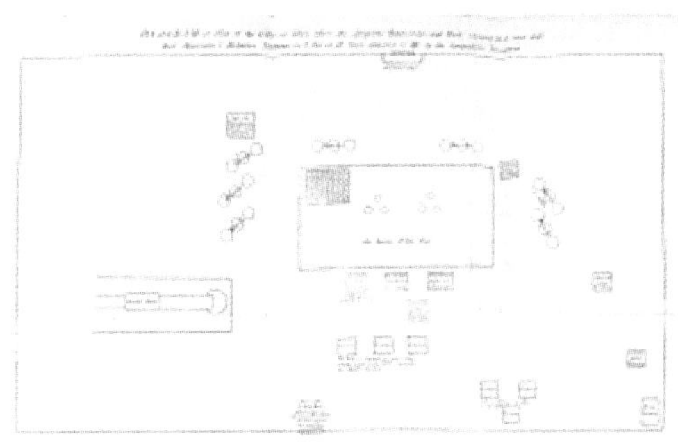

존 해슬람, 『광기의 예증』 도판

다. 영국 웨일스의 차 상인이던 매튜스는 1792년 겨울, 혁명의 소용돌이에 휘말려 있던 도시 파리로 향한다. 루이 16세를 처형한 급진적 공화주의 프랑스에 맞서 영국이 전쟁에 돌입하자 두 나라의 평화를 중재하려는 목적[25]이었다. 그러나 그가 파리에

도착한 1793년부터 시작된 공포 정치의 와중에 그는 반혁명주의 영국 스파이로 간주되어 체포, 감금된다. 3년간 심대한 신체적, 정신적 고난과 공포를 겪은 매튜스[26]는 우여곡절 끝에 영국으로 귀환하지만, 그 후 혁명주의자들이 공기 직조기를 통해 자신을 감시하고 괴롭힌다는 박해 망상 증상으로 1797년 런던 베들렘 Bethlem 왕립병원에 강제 수용되었다. 『광기의 예증』은 베들렘 병원 약제사로 10년 넘게 그를 관찰해 온 존 해슬람이 매튜스의 사례를 정리하여 출간한 책이다. 매튜스는 유럽에 파국을 일으키려는 일군의 혁명주의자들이 인간의 뇌와 혈관에 직접 작용하는 '공기 직조기'로 자신과 정치가들을 조종하고 있다고 믿었다. 매튜스의 영향 기계 '공기 직조기'에는 당대 정치적 함의가 컸던 공기 화학pneumatic chemistry[27]과 메스머리즘,[28] 프랑스 혁명

* *

25. 공화주의 이념에 열정적이던 그는 당시 영국 수상 윌리엄 핏(William Pitt)과 프랑스 외무장관 자크 피에르 브리소(Jacques-Pierre Brissot)에게 제시할 평화안을 가지고 있었다. 이에 대해서는 Mike Jay, "James Tilly Matthews and the Air Loom," in *Air Loom: Der Luft—Webstuhl und andere gefährliche Beeinflussungsapparate/The Air Loom and Other Dangerous Influencing Machines*, hrsg. von Thomas Röske und Bettina Brand—Claussen (Heidelberg: Sammlung Prinzhorn/Verlag Das Wunderhorn, 2006), p. 48.

26. 그 와중에도 그는 파리의 재생 쓰레기를 비료로 양배추를 대량 생산하는 계획을 제시해 당시 식량 문제로 고민하던 혁명 정부의 관심을 얻기도 했다. 이에 대해서는 위의 책을 보라.

27. 산소를 발견한 영국 화학자 조지프 프리스틀리(Joseph Priestley)는 개혁주의적 정치가였고, 근대 화학 이론을 개척한 앙투안 라부아지에(Anoine Lavoisier) 역시 정치적 활동가로 혁명기에 사형당했다. *Ibid.,* p. 52.

130

을 둘러싼 유럽의 국제 관계, 그 자신의 정치적 열망 등이 복잡하게 얽혀 있었다.[29]

한편, 1919년 타우스크가 자살하던 해 독일 하이델베르크 의과대학 정신의학 클리닉 교수로 임용된 한스 프린츠혼Hans Prinzhorn(1886~1933)은 그해부터 유럽 전역 정신병원 수용자들의 그림과 조형물을 수집하는 거대 프로젝트를 주도한다. 2년여 간의 노력 끝에 그는 "독일, 오스트리아, 스위스, 이탈리아, 네덜란드"뿐 아니라 "바다 건너 외국" 정신병원에 체류하는 환자 약 450명이 제작한 그림과 조형물 5천여 점을 수집하여[30] 한스 프린츠혼 컬렉션의 토대를 세웠다.[31] 이 컬렉션에는 후고 레너르트Hugo Rennert, 야콥 모어Jakob Mohr, 요세프 슈넬러Joseph

<hr>

28. 메스머리즘의 정치적 영향력에 대해서는 로버트 단턴, 『혁명전야의 최면술사: 매스머주의와 프랑스 계몽주의의 종말』, 김지혜 옮김(알마, 2016) 참조.
29. 자세한 것은 Mike Jay, *The Influencing Machine: James Tilly Matthews and the Air Loom* (London: Strange Attractor Press, 2012).
30. Hans Prinzhorn, *Bildnerei der Geisteskranken: Ein Beitrag zur Psychologie und Psychopathologie der Gestaltung*, Neudruck der zweiten Auflage, mit einem Geleitwort von W. von Baeyer (Berlin/Heidelberg/New York: Springer–Verlag, 1968), p. 4(이하 'Hans Prinzhorn').
31. 한스 프린츠혼 컬렉션 www.sammlungprinzhorn.de. 프린츠혼은 이 수집물에 근거해 1922년 『정신병자들의 조형 작업: 형상화의 심리학과 심리병리학을 위한 논고』를 출간하는데, 이 책은 이후 프랑스에서 아르뷔리의 탄생에 직접적인 계기가 되었고 초현실주의자들에게 큰 영향을 미쳤다. 이에 대해선 김남시, 「한스 프린츠혼 『정신병자들의 조형작업(*Bildnerei der Geisteskranken*)』의 미학적 의의」, 『미학』 70호(2012) 참조.

그림 1. 후고 레너르트

Schneller 등 19세기 말~20세기 초 영향 장치에 대한 기록과 이미지
들을 남긴 인물들의 작품[그림 1~3]이 수집되어 있다.[32]

타우스크가 '영향 장치' 논문을 집필하던 시기 정신의학은

32. 이들의 기록과 이미지에 대해서는 앞의 책 *Air Loom: Der Luft–Webstuhl
und andere gefährliche Beeinflussungsapparate/The Air Loom and Other Dangerous
Influencing Machines* 참조.

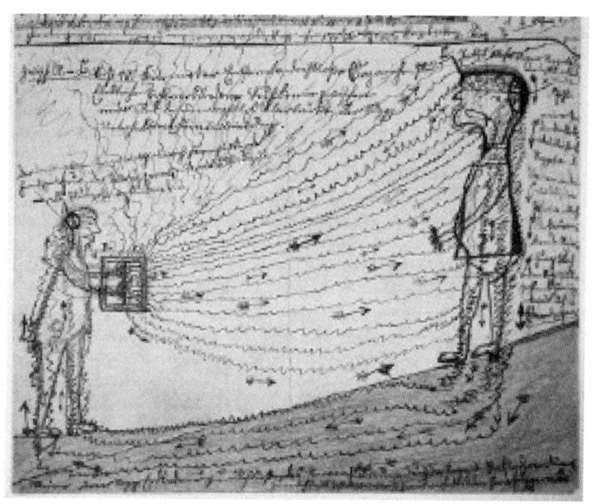

그림 2. 야콥 모어

'영향 장치'를 일정한 망상 유형 — '체성망상형 편집증paranoia somatica' — 으로 분류만 하고 있을 뿐 개별 증상의 기원과 의미를 적극적으로 해석하지 않았다. 다수의 임상 경험과 문헌 분석을 바탕으로 한 타우스크의 논문은 이 점에서, 정신의학과 정신분석 관점에서 '영향 장치'를 다룬 최초의 연구에 해당한다.

이 논문은 이후 정신분석학의 역사에 깊은 영향을 미쳤다. 타우스크는 자신이 발견한 나탈리야 A. 양의 '변종' 사례에 근거해 영향 장치가 조현병적 영향 망상의 발달 단계 중 하나임을 밝혀낸다. 이와 더불어 타우스크가 전개하는 자아 발달 단계 이론은 기본적으로는 프로이트의 유아성 이론을 계승하면서도, 자아 발달의 출발점을 출생 이후가 아닌 모태 내 태아기

그림 3. 요세프 슈넬러

Fötalstadium로 소급하여 설정한다. 이 아이디어는 이후 오토 랑크의 "출생 트라우마"(1924년) 개념과도 이어질 뿐 아니라, 개인의 심리·정신적 현상을 인간 종의 계통 발생 단계와 관련시킬 가능성을 열어준다.

70년대까지 주로 정신분석학 분야에서만 다루어지던 이 논문은 80년대부터 매체 이론과 기술 문화 연구의 고전으로 등장한다. 과학기술의 발전과 새로운 매체가 등장하면서 '인간의 감정과 생각을 조종하는 기계'라는 관념이 구체적 현실성을 획득한다는 인식 때문이다. 매튜스의 '공기 직조기'는 당대의 공기 화학과 마그네티즘의 영향하에서 형성되었다. 그런데 그 이후 등장한 기술적 네트워크 매체들— 유무선 통신, 라디오, 텔레비전, 인터넷, 스마트폰 등— 은 타우스크 시대의 환등기처럼 "그 구조가 거기 귀속된 효과에 너무나 잘 들어맞는"다. 실제로 눈에 보이지 않는 전파를 통해 우리의 감각과 정신에 직접 영향을 미치는 이 매체들은 어떤 '사유 오류'도 찾기 힘들 만큼 직접적으로 '영향 장치' 망상을 유발하기 적합하다. 기술 매체와 망상 증상의 관계를 분석한 논문[33]에 따르면, 'BBC가 라디오파를 사용해 자기 생각을 읽고, 명령을 보내고, 행위를 통제한다'거나 '텔레비전 채널에 자신과 가족을 비난하는 보이스 오버가 삽입' 된다는 망상이 라디오/텔레비전 매체와 관련되어 관찰되었고, 위성통신과 인터넷 등장 후에는 '국가의 전자 감시 시스템이 자신의 신체와 정신을 통제한다'거나 '인터넷을 닮은 신경형 네트워크가 자신의 신경 경로를 사용해 말을 걸고 다른 세계를 보여준다'라는 망상이 보고되었으며, AI 등장 후에는 'AI 프로그램이 암시를 걸어 나를 조종한다'라는 망상들이 관찰되었다. 미디어 비평가 제리 맨더Jerry Mander는 1978년, 원격 송신되는 인공 이미지 세계에 사람들을 끌어들이는 텔레비전을 겨냥해

33. Oliver Higgins, et al. "Interpretations of Innovation: The Role of Technology in Explanation Seeking Related to Psychosis," *Perspectives in Psychiatric Care*, vol. 2023.

"우리는 영향 기계와 하나가 되었다"[34]고 지적했다. 이렇게 보자면 글로벌 수준에서 작동하는 유·무선 네트워크에 365일 빈틈없이 접속된 채 데이터 제공자로서 살아가는 오늘날의 우리는 일찌감치 거대한 영향 장치의 일부로 편입되어 작동 중인지도 모른다.

「자위에 대하여」(1912)

1912년 빈 정신분석학회는 『자위*Die Onanie*』라는 간략한 제목의 책을 발간한다. 그해 여름 빈에서 자위를 주제로 발표한 원고들을 묶은 것으로, 여기에는 타우스크를 포함하여 페렌치, 프로이트, 랑크, 슈테켈 등 협회 회원 14명의 글이 실려 있다. 서문 격으로 쓴 프로이트의 글은 정신분석학회 회원들 간의 토론에서 제기된 다양한 견해를 정리하는 데 할애되어 있다. 그에 따르면, 자위에서 판타지가 중요한

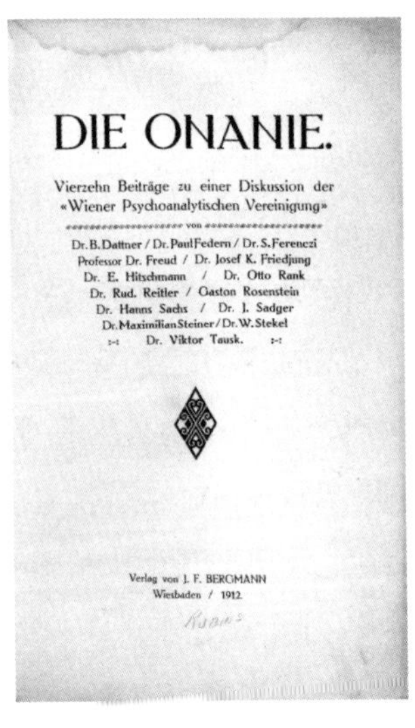

DIE ONANIE.

Vierzehn Beiträge zu einer Diskussion der
«Wiener Psychoanalytischen Vereinigung»

Dr. B. Dattner / Dr. Paul Federn / Dr. S. Ferenczi
Professor Dr. Freud / Dr. Josef K. Friedjung
Dr. E. Hitschmann / Dr. Otto Rank
Dr. Rud. Reitler / Gaston Rosenstein
Dr. Hanns Sachs / Dr. J. Sadger
Dr. Maximilian Steiner / Dr. W. Stekel
Dr. Viktor Tausk.

Verlag von J. F. BERGMANN
Wiesbaden / 1912.

---

34. Jerry Mander, *Four Arguments for the Elimination of Television* (New York: William Morrow and Company, 1978), p. 112.

역할을 수행하고, 죄책감과 결합되어 있으며, 그 유해성의 질적 조건을 명확히 하기 어렵다는 점에 대해서는 모두 의견이 같으나, 자위가 유해하냐 아니냐, 자위가 신체적somatic 효과도 갖느냐, 죄책감의 기원을 어디서 보느냐에 대해선 서로 의견이 갈린다.[35]

이 책에 실린 글에서 타우스크는 통상 성 충동과만 관련시켜 왔던 자위를 성적 행위 표상과 결합되지 않는 일반적인 성 활동의 형태로, 자기 보존 충동에 근거하는 방향 설정Orientierung 기능에서 시작되는 것으로 본다. 자위가 좁은 의미의 성적 쾌락 추구와 결합되는 것은 사춘기 이후에야 일어난다. '영향 장치' 논문에서처럼 이 논문에서도, 타우스크에게 인간의 심리는 발달 과정의 역동 속에 있는 것으로 파악된다. 어떤 경향이나 행위는 그 자체로 병리적이지 않다. 중요한 건 그것이 발달 과정의 적합한 시기에 나타나느냐 아니냐 라는 '시기 적합성zeitgemäß'이다. 수유기와 유아기에 적합한 나르시시즘적 리비도는 적합하지 못한 시기에 등장할 때 병리적인 것이 된다. 자위의 경우도 마찬가지다. 자위가 문제가 되는 건 문화적· 교육적 요구가 개인에게 금욕과 대상 선택의 유예를 요구하는 때이다. 이로 인해 개인은 자신의 금욕 욕구를 합리화하기 위해 성적 대상을 인위적으로

35. *Die Onanie. Vierzehn Beiträge zu einer Diskussion der Wiener Psychoanalztischen Vereinigung*, 1912. p. 133.

과대평가하거나, 유아기적 근친상간 대상들로 되돌아가는 심리적 유아성을 보이게 된다.

타우스크에게 자위와 결부된 병리적 문제는 사회적 규범의 문제로부터 생긴다. 자신이 관찰한 18명의 환자를 분석한 타우스크는, 아이들에게 권위적이며 금욕을 요구하고 성과 관련된 표현에 과도하게 예민한 아버지들이 자녀의 성이 유아적으로 머무르게 하는 원인이라고 지적한다. 이런 환경에서 자란 자위자는 성적 대상을 둘러싼 투쟁보다 편리하게 자기 자신에게서 쾌락의 원천을 찾으면서 현실과의 접촉과 만남에서 멀어지며, 객관적 세계와 타인에 대해 무관심하고 무능한 병리적 나르시시즘에 빠진다. 파트너가 있어도 파트너를 자기 충족적인 향유의 대상으로만, 곧 성기로만 여겨 사랑 생활 자체가 빈곤해진다.

당시 분석가들이 자위와 관련된 죄책감의 기원을 처벌 위협이나 거세 불안으로 설명하였다면 타우스크에게 죄책감은 권위적이고 가부장적인 아버지의 양육 방식이 개인에게 내면화되어 자신의 성을 유아적 단계에 고착시킴으로써 생긴다. 아버지의 요구가 개인 내면의 감시 기구가 되어 작동한다는 타우스크의 아이디어는 이후 프로이트가 「자아와 이드Das Ich und das Es」(1923년)에서 성립하게 될 '초자아' 개념을 선취한다.[36]

36. Paul Roazan, "Introduction," in Victor Tausk, *Sexuality, War and Schizophrenia: Collected Psychoanalytic Papers*, ed. Paul Roazen, trans. Eric Mosbacher & others (London & New York: Routledge, 2017), p. 14.

III. 타우스크의 텍스트와 프로이트라는 아버지

여기 번역된 텍스트들을 더 깊이 이해하기 위해서는 타우스크가 이 글들을 쓰던 당시 프로이트에 대해 가지던 복합적인 관계를 함께 고려해야 한다. 그러면 이 텍스트들은 그 명시적 내용에 잠재적·무의식적 층위가 결합된, 꿈과 같은 징후적 증축물 Konglomerat로 나타날 것이다.

1913년 2월 12~13일의 일기에서 루 안드레아스–살로메는 빈 정신분석 학회가 발간한 책 『자위 *Die Onanie*』에 대해 다음과 같은 코멘트를 남겼다.

내게는 프로이트의 서문 외에, 페렌치와 라이틀러의 글이 가장 설득력 있게 다가온다. 그 중 타우스크의 글은 전혀 그답지 않고 억제된 듯하다.[37]

살로메가 타우스크의 글을 "그답지 않고 억제된 듯 unterbunden 하다"고 여겼던 이유는 무엇일까? 이는 그녀가 감지한 프로이트

---

37. Lou Andreas–Salomé, *In der Schule bei Freud. Tagebuch eines Jahres 1912/1913*, (Max Niehans Verlag, 1958), p. 99.

에 대한 타우스크의 모순적 관계와 무관하지 않다. 결국 한쪽의 자살로 귀결된 둘 사이 갈등의 양상을 가장 일찍, 가장 예민하게 통찰한 살로메가 타우스크의 텍스트에서 갈등의 징후를 발견했던 것이다. 실제로 자위에 대한 글에서 타우스크는 프로이트가 명명한 현실 신경증Aktualneurose 개념을 부정하면서도, 자신의 이론이 프로이트의 유아 성이론과 불안 개념, 리비도 이론의 틀을 벗어나지 않게 하려고 애쓴다. 이러한 경향은 이후 더 심화되어 1919년 "영향 장치" 논문에서 타우스크는 기회가 있을 때마다 프로이트의 이름을 언급하며 자신의 관점과 이론의 정당성을 프로이트의 권위를 통해 확보하려 한다. 살로메는 프로이트에 대한 타우스크의 이러한 태도를 '아버지와 아들'의 심리적 갈등 구조로 이해한다.

타우스크와 프로이트로 하여금 이 구조에 연루하게 만든 출발점은 자기 경험과 자기 분석을 이론 생산의 재료로 삼는 정신분석의 '자기이론auto–theory'적 성격이다. 문제는 타우스크가, 충분히 그럴 능력을 가지고 있음에도 불구하고 자기 자신의 실천적 분석을 '종합적으로 사유'해 독자적 이론으로 만들어내는 것에 주저한다는 것이다. 이로부터 타우스크와 프로이트 사이의 '비극적' 관계의 구조가 발생한다.

가장 위험해지는 것은 정신분석의 방법이 실천적으로 요구되는 정신분석가들 자신에게서다. 철학적 두뇌를 타고난 타우스크

같은 이가 그 두뇌를 휴일에도 사용하지 않고, 말하자면 스스로 잘라내 버린 이유는 오직 이렇게만 이해된다. 종합적으로 사유하려 할 때마다 그는 곧바로 양심의 가책을 느끼며 "지나치게 사유하는überdenkt" 것이 되는데, 근본적으로 그는 언제나 자기 자신의 실천적 분석만을 사유할 뿐 결코 종합적으로 사유하지 않기 때문이다. 이로 인해 그는 정신분석에 대해 지나치게 무비판적이면서 동시에 (저항을 수단으로) 지나치게 비판적이 되고, 그 비판을 프로이트에게 떠넘긴다. 이제서야 프로이트에 대한 타우스크 관계의 전반적인 비극성이 분명히 보인다. 그는 끊임없이 프로이트가 씨름하는 바로 그 문제와 해결 시도 속으로 자신을 끌어들일 것이다. 이것은 결코 우연이 아니라 폭력적인 "자신을–아들로 만들기"이자 동시에 "그로 인해 아버지를 증오하기"다. 마치 생각전달Gedankenübertragung 처럼 그는 계속 프로이트가 다루는 것과 동일한 것을 다루면서도, 자신만의 공간을 열어 줄 그 옆으로의 한 걸음을 내딛지 않을 것이다. 이것은 외적 상황 때문인 것처럼 보였으나 결국 타우스크 자신에게 달린 문제였다.[38]

살로메의 이 통찰은 단지 타우스크와 프로이트 사이의 개인적 불화에 대한 기록이 아니다. 그것은 우리로 하여금 타우스크의 텍스트 전체를 관통하는 긴장 — "프로이트적으로 딱 떨어지

38. *Ibid.*, '1913년 8월 21일에서 9월 5일까지의 일기,' pp. 187~188.

게", "무조건적으로 프로이트에게 매달려 있으면서" 그 때문에 더욱 프로이트로부터 거리를 두고 싶어하는 — 에 주목하게 한다. 불화로 점철된 생부를 떠나 뒤늦게 프로이트라는 아버지를 수용한 타우스크, 프로이트의 권위에 가장 가까이 다가가면서도 그로부터 벗어나 자신의 사유 공간을 열어야 했던 이 늦깎이 분석가의 곤경은 그의 삶뿐 아니라 그의 글에도 깊게 새겨져 있었던 것이다.

이 점에서 여기 번역된 타우스크의 글 두 편은 초기 정신분석 이론의 주변부적 문헌이 아니다. 그의 글은 프로이트 시대 정신분석 이론의 자장 속에서 형성되었지만, 그 '이론'으로 완전히 포섭되지 않는 권위와 복종, 동일시와 반발의 실제적 긴장들이 함께 서려 있다. 이 번역이 정신분석 역사에서 잊혀진 한 분석가 텍스트의 단순한 복원이 아니라, 정신분석 이론 자체가 어떻게 이러한 긴장들 속에서 형성되고 굴절되었는지를 다시 읽게 하는 계기가 되기를 바란다.

영향 장치 · 자위에 대하여

초판 1쇄 발행 | 2026년 4월 23일

지은이 빅토르 타우스크
옮긴이 김남시
펴낸이 조기조

펴낸곳 도서출판 b
등 록 2003년 2월 24일 제2023-000100호
주 소 08504 서울특별시 금천구 가산디지털2로 169-23 가산모비우스타워 1501-2호
전 화 02-6293-7070(대) | 팩스 02-6293-8080
이메일 bbooks@naver.com | 홈페이지 b-book.co.kr
유튜브 www.youtube.com/@bbookspublishing

ISBN 979-11-92986-58-6 03180
값   13,000원